찰스 스펄전

찰스 스펄전

오병학 지음

규장

한 세기를 등불처럼 밝힌
위대한 설교자

영국에서 태어난 복음주의 설교자
찰스 해든 스펄전Charles Haddon Spurgeon, 1834-1892은 구원과 복음에
대한 바르고 확신에 찬 설교로 전 세계 청중들에게 감동을 주었습니다.
신학교의 문턱도 가보지 않은 그였지만 얼마나 많은 신앙서적들을 독
파讀破했던지, 사람들이 그를 가리켜 '백과사전적 두뇌를 가진 존재'라
고까지 평가할 정도였습니다. 뿐만 아니라 그는 끊임없는 기도를 통해
수많은 영혼을 구원의 길로 인도했지요.

찰스 스펄전은 런던에 있는 메트로폴리탄 태버내클Metropolitan
Tabernacle, 이하 메트로폴리탄 교회에서 거의 평생 동안 목회를 했습니다.
또한 매주 강단에서 전한 설교를 인쇄물로 만들어 발간하고, 각처에
전도집회를 다니면서 복음을 전했습니다. 그러다보니 영국 뿐 아니라,
미국과 유럽 등 세계적으로 유명한 전도자가 되었습니다.

자신의 건강을 돌보지 않고 열심으로 하나님의 일을 하던 그는 자신
의 휴양처인 프랑스 망통에서 58세의 나이로 조용히 숨을 거두었지요.
당시 영국의 주요 신문들은 그의 죽음을 머리기사로 실었고, 전 세계

언론들도 앞다투어 이를 보도했습니다.

그의 시신이 런던으로 옮겨지고 영구차가 노우드 공동묘지로 향할 때는 그 길이 조문객들로 인산인해人山人海를 이루었습니다. 장례식에 온 사람들만 해도 5만 명이 넘었을 정도니까요. 메트로폴리탄 교회의 장로였던 던 씨는 생전의 찰스 스펄전에 대해 이렇게 말했습니다.

"많은 사람들이 눈물을 흘리며 그의 상담실로 들어갔지만, 나올 때는 기쁨이 넘쳐났습니다. 그에게 다녀가는 사람들은 모두 죄의 억눌림에서 해방되어 참 자유와 평안을 얻었습니다."

감리교회 지도자 중 한 명이었던 스테픈슨 박사는 "찰스 스펄전이야 말로 설교의 위엄을 보여주고, 설교의 위치를 높여 놓은 사람이었습니다. 한마디로, 그의 설교를 듣고 감히 설교의 위력을 의심하는 자는 없었습니다"라고 회고했습니다.

그는 이처럼 한 세기를 등불처럼 밝힌 위대한 설교자이자 자신의 양들을 열심으로 돌본 목자 중의 목자였습니다.

오 병 학

저자의 말

차례

순교자의
자손으로 태어나다

찰스 스펄전은
빅토리아 여왕 Queen Victoria, 1819~1901 이 통치하던 시대에 태어나고 활
동했던 설교자이다. 당시 영국은 '해가 지지 않는 나라'라고 불릴 정도
로, 전 세계에 식민지를 확장시켜 눈부신 번영을 이룩하고 있었다. 하
지만 그것은 외형적인 모습에 지나지 않았다.

영국의 수도인 런던 거리에는 쓰레기 더미가 곳곳에 쌓여 있었고,
수도 시설이 설치된 화장실은 부자들만 쓸 수 있었다. 늘 생활고에 시
달리는 서민들은 교육을 제대로 받지 못해 무지와 질병과 싸워야 했고,
하루하루 끼니를 잇기도 힘든 지경이었다. 주린 배를 움켜쥐고 길거리
를 헤매는 고아들은 나날이 늘어났고, 불량배들의 행패와 좀도둑질로
거리는 늘 어수선했다.

당시 영국 성공회는 정부의 지원을 받는 특권 아래 든든히 기반을

닦아갔다. 그러나 정부의 지원을 받지 못한 침례교, 장로교, 감리교 등은 침체기를 벗어나지 못했고, 따분한 형식주의로 많이 치우쳐 있었다. 교회들은 한때 휫필드*와 웨슬리**의 부흥운동에 힘입어 상당한 성장을 이루었으나, 그것은 부분적인 변화였을 뿐 획기적인 전환점은 되지 못했다. 한마디로 찰스 스펄전이 살았던 시대는 선하고 좋은 것보다는 악한 것이 더 많았다. 이런 상황 속에서 스펄전의 가슴은 복음전파의 열정과 사명감으로 더욱 불타올랐다.

찰스 스펄전은 1834년 6월, 영국 엑세스 주 켈비던에서 아버지 존 스펄전과 어머니 엘리자 스펄전 사이에서 태어났다.

아버지 존 스펄전은 작은 교회의 목사였다. 이들 부부에게는 모두 17명의 자녀가 있었는데, 안타깝게도 9명의 자녀는 일찍 세상을 떠나고 말았다. 맏아들이었던 찰스 스펄전은 동생들에게 늘 양보하는 처지였고, 부모의 사랑 또한 흡족하게 받지 못했다.

아버지 존 스펄전 목사는 가족이 많다는 이유로 어느 교회에서나 환영받지 못했다. 그는 늘 작은 교회를 전전하며 자주 옮겨 다녔고, 그러는 동안 살림은 더욱 궁핍해졌다. 결국 찰스 스펄전은 여섯 살 때 스탬본에 살고 있는 할아버지 집에서 살게 되었다.

★ 조지 휫필드 George Whitefield, 영국의 유명한 개혁주의적 부흥 설교자(1714~1770).
★★ 존 웨슬리 John Wesley, 영국의 신학자 및 전도자로서 감리교의 창시자(1703~1791).

그의 할아버지인 제임스 스펄전 역시 스탬본 교구 안에 있는 작은 교회의 목사였다. 그는 그곳에서 25년 동안이나 충실하게 목회를 하며, 성도들로부터 존경을 받았다.

찰스 스펄전은 조부모님과 함께 지내는 동안, 집에서는 충분히 누리지 못했던 관심과 사랑을 독차지할 수 있었다. 특히 누구보다도 그를 사랑한 사람은 앤 고모였다. 그녀는 귀여운 조카와 함께 살게 된 것을 무척 기뻐하며, 찰스를 남다른 사랑과 관심을 가지고 보살펴주었다. 쾌활한 성격이었던 앤은 어린 조카의 좋은 친구가 되어주었다. 할아버지 제임스 스펄전도 바쁜 목회 일정 중에도 손자인 찰스의 생각에 늘 관심을 갖고, 자상한 설명으로 이해력을 길러주었다.

어느 날의 일이었다.

찰스는 커다란 사과가 들어 있는 유리병을 보고 궁금증이 생겼다.

'정말 이상한 일이야. 저렇게 큰 사과가 어떻게 저 유리병 속으로 들어갈 수 있을까? 유리병의 입은 겨우 손가락 하나 들어갈 만한 크기인데 말이야.'

아무리 생각해봐도 어린 찰스 혼자서는 풀기 어려운 수수께끼였다. 찰스는 할아버지에게 다가가 물었다.

"할아버지!"

"오냐, 무슨 일이냐?"

"저 벽난로 위에 놓여 있는 유리병 말이에요. 저 작은 입으로 어떻게 주먹만 한 사과가 들어갈 수 있나요?"

"아하, 우리 찰스가 그게 그렇게 궁금했구나. 풀리지 않는 문제를 푸는 기쁨은 정말 크지."

"아무리 생각해도 저는 모르겠어요."

"좀 더 생각해보렴. 그러면 언젠가는 풀릴 거야. 어떤 문제를 풀려면 그 문제만 들여다본다고 되는 게 아니란다. 의외로 주변에서 쉽게 답을 찾을 수도 있어. 어디 두고 봐야겠는데, 우리 찰스가 얼마나 영리한 아이인지."

할아버지는 '유리병 속의 사과' 수수께끼를 그대로 찰스에게 숙제로 넘겨주었다. 손자의 사고력을 길러주고 싶은 마음에서였다.

얼마 후 찰스는 교회에서 그리 멀지 않은 곳에 있는 조그마한 사과밭으로 나들이를 갔다가 뜻밖에도 수수께끼를 푸는 열쇠를 발견했다. 사과밭 곳곳에는 아직 덜 자라서 조그만 사과들 위에 병이 덧씌워져 있었다.

'아! 이렇게 해서 커다란 사과가 유리병 속에 들어가게 되는구나.'

찰스는 환호성을 지르며 할아버지에게로 달려갔다.

"할아버지, 이제야 알게 되었어요!"

"무얼 말이냐?"

"유리병 속의 사과 말이에요."

"오, 그래! 어떻게 알게 되었니?"

"방금 전에 사과밭에 놀러갔는데, 사과나무 가지에 유리병들이 대롱대롱 매달려 있지 뭐예요."

"맞아, 바로 그거란다. 그래서 이 할아버지가 주변을 잘 살펴보라고 했던 것이란다. 정말 장하구나, 정말 훌륭해!"

찰스는 할아버지와 함께 지내는 시간이 많았다. 할아버지는 어린 손자를 데리고 다니는 것을 좋아했다. 그는 심지어 성도들이 상담하러 오거나 기도해달라고 왔을 때에도 손자가 곁에 머물러 있도록 할 때가 많았다.

어떤 때는 여러 목사님들이 찾아와서 제임스 스펄전과 더불어 신학적인 문제를 논의하기도 했다. 어린 찰스도 자리를 잡고 앉아서 그들의 말을 들었다. 물론 그들의 말을 이해할 수는 없었지만 그런 분위기에 익숙해지면서 신학神學에 대한 이해의 폭을 넓혀갔다.

"할아버지, 오늘 여러 목사님들과 나눈 얘기가 무슨 말씀인가요?"

"응, 아무리 훌륭한 신학이더라도 성경의 가르침에서 벗어나면 절대 안 된다는 것이 주제였지. 그건 정말 중요하단다."

"그럼 신학보다 성경이 더 중요한 것인가요?"

"신학도 중요하지만 그것이 성경을 떠난 것이면 아무 소용이 없단다. 너도 자라서 좀 더 공부를 하게 되면 왜 그런지 알게 될 거다."

제임스 스펄전의 삶의 중심은 철저히 성경 안에 세워져 있었다. 성경은 의심할 수 없는 절대적인 진리라고 믿었던 할아버지의 신앙관은 그대로 손자에게도 전해져 찰스 또한 어려서부터 말씀 안에서 확고한 신앙을 다지게 되었다.

어느 날 찰스가 거실 벽에 걸려 있는 그림을 손가락으로 가리키며 물었다.

"할아버지, 저 그림은 뭐예요?"

"응, 소년 다윗이 골리앗과 싸우는 모습을 그린 거란다."

"어린 소년이 어떻게 저렇게 크고 무서운 사람과 싸울 수 있어요?"

"그래도 결국엔 저 소년이 던진 돌멩이를 이마에 맞고서 거인 골리앗은 쓰러져 죽고 말았단다."

"정말이에요?"

"정말이고 말고."

"믿어지지 않아요."

"하나님께서 행하신 일은 언제나 사람들에게 잘 믿어지지 않는 법이란다. 그래도 그게 사실이었으니 얼마나 놀라운 일이냐. 너도 저 다윗과 같이 훌륭한 믿음의 사람이 되려무나."

"네, 할아버지."

이렇듯 제임스 스펄전은 그림 한 점을 가지고도 손자에게 신앙의 힘이 어디에서 나오는 것인지를 가르치는 귀중한 자료로 삼았다.

또한 찰스는 종종 할아버지가 주일 설교를 준비하기 위해 목사관 뒤편 정원 한 구석에서 조용히 명상에 잠겨 있는 모습을 발견하곤 했다. 이런 할아버지의 모습은 훗날 찰스 스펄전의 목회에 인상적인 본이 되었다.

목사관 한쪽에 있는 할아버지의 서재는 찰스가 가장 좋아하는 곳이었다. 그곳에는 재미난 그림이 가득 담긴 책들이 많이 있었다. 찰스는 그 가운데서도 존 번연John Bunyan, 1628-1688이 쓴 《천로역정Pilgrim's Progress》과 존 폭스John Foxe, 1516-1587가 쓴 《순교자의 책The Book of Martyrs》을 가장 감명 깊게 읽었다.

얼마 지나자 찰스 스펄전은 《천로역정》에 등장하는 인물들, 가령 유순, 믿음, 수다쟁이 등의 성격까지도 다 파악할 정도가 되었다.

후에 찰스 스펄전은 이 서재에서의 행복한 책 읽기에 대해 다음과 같이 회상했다.

나는 당시 단어 하나도 제대로 몰랐지만 갖가지 그림들에 몰두하여 몇 시간이고 그곳에 앉아 책을 뒤적이면서 구경할 수가 있었다. 그때 가장 많이 펼쳐본 책이 바로 존 번연의 《천로역정》이었다. 내가 이 책을 처음 펴들면서 본 것은 한 사람이 무거운 짐을 등에 지고서 걸어가고 있는 모습의 목판화 그림이었다. 나는 그때 그 사람이 너무나 불쌍해서 마음이 무겁고 안타까웠다. 하지만 다음 페이지에서 그 무거운 짐을 벗어던지고 가볍게 걷고 있는 모습을 보았을 때는 얼마나 마음이 가볍고 기뻤는지 모른다.

그가 폭스의 《순교자의 책》을 잘 알게 된 것도 이런 과정을 통해서였다. 이 책에서 메리 여왕의 시대에 화형火刑을 당하면서 죽어간 처참한 순교자들의 모습을 그린 그림을 보고 어린 찰스는 큰 충격을 받았다.

서재에는 이 책 외에도 순교자들에 관한 몇 권의 책이 더 있었다. 할아버지 제임스 스펄전이 이런 종류의 책에 관심을 가지게 된 데에는 이유가 있었다. 그의 조상은 1568년경 신앙의 자유를 찾아서 영국으로 건너온 폴란드 출신의 성도들이었다. 이들 가운데는 신앙을 끝까지 지키려다가 순교를 당한 사람들이 많았다. 더러는 사나운 맹수의 밥이 되기도 했고, 더러는 화형을 당하기도 했다. 그래도 그들은 끝까지 신앙을 버리지 않고 '순교자'라는 영광의 면류관을 쓰게 되었다.

어느 날 제임스 스펄전은 어린 손자가 폭스의 책을 읽고 있는 것을 보고 말했다.

"찰스야, 네 조상 가운데도 훌륭한 분이 많았단다."

"어떤 분들인데요?"

"신앙을 지키기 위해 자기 생명을 기꺼이 바치신 분들이었지."

"이 책에 실려 있는 분들처럼요?"

"그렇지."

"그럼 전 순교자의 자손이네요."

"맞아, 찰스. 그러니 너도 그런 순교자의 정신으로 살아야 하지 않겠니?"

어린 찰스는 순교자의 자손으로서 자신도 그런 훌륭한 사람이 되어야겠다고 생각했다.

술주정뱅이를 거듭나게 하다

찰스의 할아버지가
목회를 하고 계신 스탬본 교회에 토마스 로즈라는 젊은이가 있었다. 그는 자주 술집에 드나들었고, 심지어 예배 도중에 술 취한 채 불쑥 들어와서 고래고래 소리치면서 소란을 피우기도 했다.

어느 주일, 로즈가 또 예배당 안으로 들어와서 난동을 피웠다. 성도들이 그를 가까스로 끌어내는 모습을 지켜본 찰스는 어이가 없었다.

'도대체 저런 행패를 어떻게 해야 막을 수 있지? 그를 교회에 나오지 못하도록 만들 수도 없고….'

이날 점심 식탁 자리에서 찰스는 제법 진지하게 할아버지에게 말을 꺼냈다.

"저, 할아버지."

"오냐, 찰스야."

"로즈라는 주정뱅이 말이에요. 어째서 저런 사람을 그냥 두세요?"

"아무리 충고하고 변화되기를 기대해봐도 소용없구나. 나도 무척 안타까워하고 있단다."

"기대만 하고 있으면 무슨 소용이에요. 잘못된 버릇은 단단히 고쳐 놓아야지요."

"그래도 억지로 어떻게 그 버릇을 고칠 수 있겠니. 하나님께서 변화시키실 때까지 기다려야지."

"할아버지가 고칠 수 없다면 제가 고쳐놓겠어요. 두고 보세요."

"아니, 그게 무슨 말이냐?"

"저는 더 이상 못 참겠어요."

찰스는 할아버지에게 자신이 로즈의 나쁜 버릇을 고쳐놓겠다고 말한 후로 기회가 오기만을 기다렸다. 얼마 후 찰스는 로즈가 술집에서 술꾼들과 어울려 술을 마시고 있는 모습을 목격했다.

'옳지, 지금이다!'

찰스는 두 주먹을 불끈 쥐고 술집 안으로 들어섰다.

"너는 목사님의 손자 녀석 아니냐?"

"꼬마야, 네가 무슨 일이냐?"

"너도 한 잔 마시고 싶냐? 그럼 어서 술잔을 들려무나."

찰스는 손님들의 야유에는 상관하지 않고 토마스 로즈에게로 다가갔다. 그리고 잠시 그를 노려보았다.

"오, 우리 목사님의 손자. 어서 오십시오. 그런데 무슨 용무로 여기까지 오셨나요?"

로즈가 비아냥거리며 말했다. 바로 그때 찰스가 큰 소리로 말했다.

"로즈, 당신에게 경고하러 왔어요!"

"뭐, 나에게 경고하러 왔다고?"

"그래요."

"무슨 경고?"

"당신은 분명 하나님을 믿는 성도가 아닙니까?"

"그렇지. 성도는 성도지."

"그런데 이래도 되는 겁니까?"

"도대체 그게 무슨 소리냐?"

"성도가 다른 사람에게 본을 보이지는 못할망정 이처럼 술만 마셔도 되느냐 말입니다."

"인마, 술은 마시려고 만든 것 아니냐. 그런데 웬 시비냐?"

"당신 때문에 지금 우리 할아버지가 얼마나 걱정을 하고 계시는지 아세요? 교인들도 이젠 모두 지쳤어요. 당신을 위해서 그동안 얼마나 많은 기도를 했는지 아세요? 그런데도 당신은 여전히 우리들의 성의를 무시하고 자기 마음대로 하고 있잖아요?"

"…!"

"당신 하나 때문에 얼마나 많은 사람들이 곤욕을 치르고 있는지 아세요. 심지어는 교회를 그만 다니겠다는 이들도 있다고요. 나는 더 이상 참을 수가 없어요."

"그래? 참을 수 없다면?"

"차라리 교회에 나오지 말고 술독 안에 처박혀 지내다가 지옥에나 떨어지라고요!"

"뭐라구? 이 어린 녀석이….."

"그럼, 난 이만 갑니다."

찰스는 말을 마치고 나서 재빨리 술집에서 나와 집으로 돌아왔다. 마침 할아버지가 정원을 거닐고 있었다. 찰스는 가쁜 숨을 내쉬면서 입을 열었다.

"할아버지, 할아버지!"

"무슨 일이냐? 왜 그렇게 헐떡이면서 오느냐?"

"제가 방금 전에 로즈의 기를 꺾어놓았어요."

"뭐라고? 로즈를 꺾어놓다니. 그게 무슨 말이냐?"

"다음에 보시면 알게 될 거예요. 어떻게 된 일인지."

제임스 스펄전은 영문도 모르고 한동안 그 자리에서 어리둥절한 채로 서 있기만 했다.

한편 토마스 로즈는 찰스에게서 책망의 소리를 듣고서 가슴 깊이 찔리는 게 있었다. 자기의 행실이 얼마나 못돼 보였으면 어린아이까지 나섰겠는가 하는 가책이 들었다.

'이거 정말 갈 데까지 갔군. 내가 어린아이에게까지 이런 창피를 당하다니 말이야.'

찰스가 나간 후에 토마스 로즈도 술집을 나왔다. 그런 다음 아무도 없는 한적한 곳에 이르러 땅바닥에 엎드려서 자기의 행실을 깊이 뉘우치며 회개하기 시작했다. 그는 눈물을 흘리면서 하나님 앞에 죄를 고백했다.

"하나님, 이 추악한 죄인을 용서하여 주소서. 성도라는 탈을 쓰고서 못된 짓은 다했습니다. 하나님께 예배드리는 시간에도 난동을 부리어 예배를 망쳐놓기 일쑤였던 악당입니다. 제발 저를 용서해주시옵소서."

그러고 나서 그는 곧 제임스 스펄전 목사에게로 달려가서 용서를 빌었다.

"목사님, 저를 용서해주십시오. 다시는 술잔을 들지 않겠습니다. 제발 용서해주십시오."

"아니, 갑자기 이게 무슨 말이요?"

놀란 제임스 스펄전 목사가 물었다. 토마스 로즈는 술집에서 있었던 일을 낱낱이 말했다. 이야기를 듣고 제임스 스펄전 목사는 감격스런 표정으로 로즈를 끌어안으며 말했다.

"로즈, 하나님은 벌써 자네의 잘못을 다 용서해주셨고, 나 또한 벌써 다 용서했다네. 그러니 이제부터는 착실한 성도가 되려고 노력하게나."

"예, 잘 알겠습니다. 정말 착실한 성도가 되겠습니다."

토마스 로즈는 그날 이후 새로운 삶을 살기 시작했다. 예전의 나쁜 습관은 다 버리고 모범적인 성도가 되었다. 하나님께서는 어린 찰스의 담대한 용기를 사용하여 한 술주정뱅이를 회개토록 하신 것이다.

찰스는 스탬본 교회에서 5년 동안 지낸 후, 다시 아버지와 어머니 곁으로 돌아갔다. 여전히 그의 집은 경제적으로 어려웠고, 거주지를 톨스베리에서 콜체스터로 옮겼다. 그곳에서 찰스의 아버지는 어느 광산에 직원으로 채용되었다. 그가 현직 목사이면서 광산 직원이 된 것은 교회에서 주는 보수만으로는 도저히 생활할 수가 없었기 때문이다. 처음에는 부인 엘리자 스펄전이 몹시 반대했다.

"아무리 살림이 어렵다지만 교회를 맡고 있는데 어떻게 세상일을 겸할 수 있나요. 우리 좀 더 참고 지내요."

"우리가 어디 하루 이틀 참고 지냈나요. 염려 말아요. 하나님께서도 우릴 도와주실 테니."

그는 콜체스터에서 광산 직원으로 일을 하면서 동시에 3마일이나 떨어져 있는 톨스베리 교회로 주일마다 마차를 타고서 예배를 인도하러 갔다. 그러자니 자연히 집에서 아이들과 함께 지낼 시간이 거의 없었다. 그는 주일마다 강단 위에서 힘차게 설교했다. 하지만 그의 역량은 아버지 제임스 스펄전만큼 크지는 못했다.

한편 찰스는 형제가 많은 덕분에 늘 동생들 앞에서 형으로서, 오빠로서의 역할을 감당해야 했다. 그는 때때로 동생들을 차례로 앉혀 놓고 자신이 유명한 설교자나 되는 것처럼 높다란 건초 더미 위에 서서 열심히 자기주장을 말하기도 했다. 그가 그런 놀이를 할 수 있었던 것은 어려서부터 할아버지의 설교하시는 모습을 늘 보아왔기 때문이었다.

찰스는 콜체스터에 오자마자 쿡크 부인이 운영하는 작은 사설학교에 다니기 시작했다. 당시에는 공교육이 보편화되어 있지 못하여 개인이 학교를 운영하는 경우가 많았다.

찰스는 여느 아이들과는 달리 이해력과 판단력이 뛰어나 학교에서도 두각을 나타냈다. 게다가 찰스에게 좀 더 많이 가르치고자 하는 어머니의 정성과 관심으로 그의 실력은 나날이 향상되었다. 찰스의 어머니는 학교교육뿐 아니라 신앙교육에 있어서도 열심을 품고 아이들을 가르치는 데 온 힘을 기울였다. 그녀는 아이들에게 늘 성경말씀을 읽어주었고, 자녀를 위해서 일일이 기도해주곤 했다.

어머니에 대해 찰스 스펄전은 훗날 이렇게 말했다.

나는 어렸을 적부터 어머니로부터 늘 성경말씀을 들으며 자랐기 때문에 언제나 말씀 가까이에서 지낼 수 있었습니다. 그리고 어머니는 우리를 위해서 늘 이렇게 기도해주셨습니다.

'자비로우신 하나님 아버지시여, 제 아이들이 만약 죄악에 빠지게 된다면 그것은 이 아이들이 아니라 부모인 제게 책임이 있습니다. 혹 이 아이들이 주님 안에서 살게 되지 않는다면 심판의 날에 제가 그 증인으로 서야 하지 않겠습니까? 그러니 하나님이시여, 우리 아이들이 하나도 실족하지 않도록 각별히 보살펴주소서. 그리고 이 일을 위하여 제가 무엇을 해야 할지 늘 깨우쳐주소서.'

어머니가 심판의 날에 우리들의 증인이 될 것이라는 기도를 하실 때마다 그 간절한 마음이 나의 가슴에 뜨겁게 다가왔다. 어머니는 가끔 나의 목에 팔을 감고서 기도하곤 하셨는데 그때의 포근한 어머니의 숨결은 나에게 소중한 추억으로 살아 있다.

찰스 스펄전은 성장하면서 아버지의 서재에 있는 존 오웬John Owen, 1616-1683, 리처드 십스Richard Sibbes, 1577-1635, 존 플라벨John Flavel, 1628-1691, 메튜 헨리Matthew Henry, 1662-1714 등 청교도 신앙인들의 책을 많이 읽었다. 그는 십 대 초기부터 일찍이 신학의 인물들을 접하면서 신학 이론에 친근해지기 시작했다.

또한 그는 어렸을 때부터 전도자로서의 좋은 자질을 가지고 있었다. 스탬본 교회에서 할아버지와 함께 살던 시절, 리차드 닐이라는 선교사가 특별집회를 위해 왔을 때의 일이다. 그는 인도와 러시아 등지에서 여러 해 동안 일하다가 영국으로 온 사람이었는데 스탬본 교회에 와서 며칠 지내는 동안 어린 찰스와 무척 친해졌다.

그러던 어느 날, 그가 제임스 스펄전 목사에게 말했다.

"당신의 손자 찰스가 보통이 아니예요."

"무슨 말씀이신가요?"

"나는 지금까지 찰스만큼 진지하고 똑똑한 발음으로 성경을 읽는 아이를 본 적이 없어요."

"어디 그랬을라고요."

"아닙니다. 두고 보십시오. 이 아이는 장차 훌륭한 설교자가 될 것입니다. 로울랜드 힐 예배당의 강단 위에 서서도 설교하게 될 거예요. 충분히 그러고도 남을 겁니다."

로울랜드 힐 교회는 당시 영국에서 가장 큰 교회였다. 그리고 리차드 닐 선교사의 그 말은 정확하게 맞았다. 훗날 찰스 스펄전은 정말 그 교회에서 설교하게 되었다.

구원의 산 체험

찰스 스펄전은 얼마쯤 지나서 보통학교보다 수준이 훨씬 높은 스톡웰 학교로 갔다. 이곳에서 함께 공부했던 학생 가운데 하나가 훗날 찰스에 대해 이렇게 말했다.

"찰스는 라틴어와 유클리드 기하학*에 뛰어난 실력을 보였다. 당시 리딩 선생님이 고전 수학을 가르쳤는데 그 분의 설명은 상당히 어려웠지만, 찰스는 이해력이 뛰어나 동료들의 부러움을 한 몸에 사곤 했다."

찰스는 스톡웰에서 공부하는 4년 동안 많은 지식을 얻었고, 정신적 훈련도 쌓았다. 그는 학생들 사이에서 지도력이 뛰어나 언제나 리더가 되곤 했다.

열네 살이 되자 찰스는 부모님의 뜻에 따라 런던에서 남동쪽으로 몇

★ 유클리드 기하학 고대 그리스 수학자 유클리드Euclid(B.C.330~B.C.275)가 체계를 세운 기하학 이론.

마일 떨어져 있는 메이드스톤의 세인트 어거스틴 농업학교로 전학을 했다. 농업학교의 교장은 찰스의 삼촌이셨고, 그의 동생인 아처가 벌써 이 학교에 입학해 공부하고 있었다.

찰스는 어느새 늠름한 소년이 되어 있었다. 그는 감수성이 풍부한 편이었지만 결코 소심하지는 않았다. 오히려 많은 사람들 앞에 서는 일을 즐거워했고, 상상력이 뛰어났으며 기억력도 좋았다. 또한 그는 매사에 정직하고 진실한 소년이었다. 무엇보다도 책 읽는 것을 좋아해서 같은 또래의 친구들에 비해 생각의 폭이 넓고 매우 성숙했다.

1849년 여름, 찰스는 뉴마켓에 있는 한 학교에 입학했고, 열다섯 살이 되자 학생의 신분이었음에도 시간강사가 되어 다른 학생들을 가르치는 일도 겸했다.

이 무렵부터 찰스에게 큰 변화가 생겼다. 신앙생활은 계속해왔지만 별다른 변화 없이 살아온 자신에 대한 의구심이 들었던 것이다. 삶에 대한 회의와 갈등은 점점 커다란 번민으로 다가왔다. 죄를 깨닫고 결정적으로 회개한 적도, 구원의 확신에 대한 경험도 없었기 때문에 자신이 정말 하나님에 대한 믿음과 확신이 있는지에 대한 회의가 일었다.

'도대체 회개는 무엇이고 구원은 무엇이란 말인가. 지금까지 그런 말을 수없이 들어왔고 나 자신도 수없이 말했지만 실제로 내가 체험한 것은 전혀 없지 않은가. 이런 채로 살아도 그리스도인이라고 할 수 있을까.'

이런 의구심과 번민은 그의 내면 깊은 곳에서부터 솟구치는 죄의식과 구원에 대한 영적 갈망의 표현이었다. 그러나 자신 안에서 일어난 이런 갈등과 번민이 어떻게 야기되었는지조차 알 길이 없었다. 훗날 구원의 뜨거운 체험을 하고 나서야 하나님의 인도하심이 어떤 것인가를 깊이 깨닫고 나서 그는 이런 말을 했다.

죄의 사악함이 얼마나 처절한 것인지 모릅니다. 만일 나는 그런 불행한 일을 다시 경험하라 한다면 차라리 병상에서 7년 동안 열병을 앓으면서 누워 있는 쪽을 택하겠습니다.

스펄전은 미처 의식하지 못했었지만 죄가 얼마나 무섭고 어두움에 거하게 하는지는 어렸을 적부터 간접 체험을 통해서 알고 있었다. 그것은 그가 할아버지와 함께 지낼 때에 서재에서 본 존 번연의 《천로역정》을 통해서였다. 찰스 스펄전은 그 책을 보면서 느꼈던 점을 다음과 같이 말했다.

내가 이 책을 대하면서 가슴 깊이 새긴 것은 그리스도인이 무거운 짐을 등에 지고서 걸어가고 있는 모습의 목판화 그림이었다. 그 그림을 보면서 나는 그 사람이 너무나 측은한 생각이 들어 마음이 온통 슬픔으로 가득했었다.

그는 그 사람을 그렇게 고통스럽고 힘들게 했던 무거운 짐이 바로 '죄'라는 것을 당시 어렴풋이 알게 되었다. 그리고 아버지 곁으로 다시 와서 살면서 청교도적 서적들을 접하게 되었을 때에 죄가 무엇인가를 더욱 확실히 알게 되었다. 그는 이때에 《천로역정》에서 순례자가 무거운 짐을 고통스럽게 지고 가던 것처럼 그런 죄의 짐이 자신을 억누르고 있다는 것을 깨달았다.

하지만 그런 생각은 단지 관념적인 것에 지나지 않았다. 자신 안에 죄의 문제가 해결되지 않은 채로 거한다는 것은 알고 있었지만 당장에 그것을 어떻게 해야겠다는 마음을 가지지 않았고, 또 그럴 절실한 필요를 느끼지 않았기 때문에 실제적으로 죄를 통절하게 깨달은 것은 아니었다. 관념적으로만 알게 된 것과 실제적으로 깨닫게 된 것 사이에는 엄청난 차이가 있듯이 찰스에게도 그런 단계가 있었다.

어느 해 여름 어린 찰스가 할아버지가 계신 스탬본 교회에 다시 방문했을 때의 일이다.

"할아버지!"

"왜 그러니, 찰스."

"정말 지옥이란 곳이 있나요?"

"있고 말고. 그곳은 아주 무서운 곳이란다."

"얼마나 무서운 곳인데요?"

"거기선 죽고 싶어도 죽을 수조차 없지."

"그럼 어떤 사람이 거기에 떨어지나요?"

"이 세상에서 죄를 많이 짓고서도 회개하지 못한 사람들이지."

"성도들은 어째서 지옥에 떨어지지 않나요?"

"예수님이 우리 죄를 지고서 죽으신 것을 믿기 때문이란다. 그러니 얼마나 감사한 일이냐."

할아버지는 바른 성경의 진리를 분명히 들려주었다. 그러나 이때만 해도 찰스는 그 말이 자기에게 어떻게 적용되는 것인지 실감할 수가 없었다. 그저 관념적으로만 들렸기 때문이었다.

그러다가 뉴마켓 입학을 전후로 그는 심각한 영적 고뇌에 빠지게 되었다. 그는 이때의 일을 다음과 같이 표현했다.

나는 기도해보려고 무척 노력했다. 그러나 나의 입에서 나오는 소리는 '주여, 죄 많은 저에게 자비를 베풀어주소서' 하는 한마디뿐이었다. 당시 나는 하나님의 위엄과 전능의 능력, 그분의 거룩하심과 준엄한 심판, 이런 것들에 꼼짝할 수가 없었다. 나의 영혼은 점점 칠흑 같은 나락과 깊은 함정 속으로 떨어져 내리기만 했다.

~

찰스 스펄전은 어려서부터 신앙생활에 익숙했기 때문에 은연중에 그의 삶은 율법적으로 규범화되어 갔다. 자신의 생활에서 어떤 결점도 찾기 힘들 만큼 세심하게 주의를 기울이면서 조심조심 살아온 것이었다. 하지만 그는 얼마 지나지 않아 이런 율법적인 삶이 영혼의 깊은 문제까지 해결해주지 못한다는 사실을 감지했다.

'나는 어디로 가야 하나.'

그는 속으로 수없이 부르짖었다. 그러나 여전히 빈 메아리만 되어 돌아올 뿐이었다.

이 무렵에 찰스 스펄전은 조셉 얼라인이 쓴 《돌이켜 회개하라》와 리처드 백스터가 쓴 《회개했는가》(이상 규장 역간)라는 두 권의 책을 읽게 되었다. 그가 한창 그런 고민에 빠져 있을 때 이 책들은 그에게 큰 도움이 되었다. 그것은 '인간은 누구나 죄인에 지나지 않기에 구원받지 않으면 안 된다'는 깨달음이었다. 그러나 그 책들은 '어떻게 하면 구원을 받을 수 있을까?' 하는 갈망을 일으켰을 뿐, 번민 속에 휩싸인 그를 구원시켜 주지는 못했다.

어느 날이었다. 찰스 스펄전은 자기 방에서 혼자 해결되지 않은 죄의 문제와 싸우고 있었다. 그것은 여명이 밝아오기 직전의 칠흑 같은 어두움이었다. 그는 하소연이라도 하듯 천정에 대고 소리쳤다.

"도대체 하나님은 계십니까, 안 계십니까? 하나님이 계시다면 어디서 무엇을 하고 계시기에 나의 이 번민을 모른 척하고 계시는 것입니까?"

그는 결국 하나님의 존재 자체까지 의심하게 되었고, 설사 하나님이 있다고 하더라도 그를 아예 거부하고 싶을 뿐만 아니라 저주까지도 서슴지 않을 극단의 상태에 이르렀다. 그는 절규하듯 소리쳤다.

"나는 하나님이 있건 말건 최후까지 자유사상가로 남고 싶어요. 더 솔직하게 말하면 철저한 무신론자가 되어도 좋다고 생각합니다. 누가 나의 이 심정을 안다면 나의 입을 막아보시죠!"

참으로 무서운 항변이요, 반항이었다. 그는 훗날 당시의 심경을 이렇게 말했다.

> 그때 나는 나의 등가죽이 채찍에 다 터지고 그 위에 참혹한 십자가가 지워진다고 하더라도 구원만 받을 수 있다면 그런 고통은 얼마든지 감수할 수 있을 것 같았다. 사실 구원받기란 얼마나 간단한 일인가. 나를 위해서 예수께서 십자가에 못 박히신 것을 믿고 그가 이룩하신 구원을

받아들이며 그분이 행하신 모든 일을 그대로 믿으면 되기 때문이다. 그런데 안타깝게도 당시 나는 그처럼 쉬운 방법을 전혀 이해하지 못하고 있었다.

찰스는 뉴마켓 학교에 다니는 동안 줄곧 영적 고뇌와 갈망에 시달렸다. 하지만 극심한 신앙의 갈등과 고민 속에서도 그의 학업 성적은 여전히 뛰어났다.

어느 날 그는 이런 생각에 빠져들기도 했다.

'나는 어찌하여 개구리나 두꺼비가 아닌 인간으로 태어났단 말인가. 저것들은 비록 미천하게 보이긴 하지만 나처럼 이런 번민을 하지는 않으니 저들이 참으로 부럽구나.'

그래서 그는 주일이면 어떤 목사에게서 자기의 짐을 벗어던지는 데에 도움이 되는 설교를 들을 수 있을까 하여 여러 교회를 돌아다녔다. 그러나 누구에게서도 구원의 도리에 대한 시원한 설교를 듣지 못했다.

그는 당시의 생각을 이렇게 적었다.

어떤 목사님은 하나님의 거룩한 능력에 대해 설교했습니다. 하지만 그의 설교는 구원을 갈망하는 죄인의 손에는 전혀 닿을 수 없는 단지 고상한 진리에 지나지 않았습니다. 또 어떤 목사님은 언제나 율법에 관하여 훌륭한 설교를 들려주었습니다. 그러나 설사 곡식을 뿌릴 만한 좋은 땅이 있더라도 갈아 심는 방법을 모른다면 무슨 소용이 있겠습니까. 또 어떤 목사님은 실리적인 설교만 했습니다. 그것은 발이 다 잘려나간 병사들에게 계속해서 전쟁 훈련만 시키려드는 어리석은 지휘관의 태도와 다를 것이 없었습니다. 내가 꼭 알고 싶었던 것은 '나는 어떻게 죄를 용서받을 수 있는가' 하는 것이었습니다. 그러나 누구하나 그 문제에 대해서 정확히 말해주는 사람이 없었습니다.

1849년 12월, 때마침 뉴마켓 학교 인근에 열병이 번지면서 임시 휴교령이 내려졌다. 마침 성탄절이 다가오고 있어 찰스는 그 기간을 집에서 보내기 위하여 콜체스터로 돌아왔다. 그것은 찰스에게 있어서 분명 하나님의 섭리였다. 바로 이 기간에 그는 한 작은 교회의 예배에 참석했다가 놀라운 감동을 받으면서 구원을 체험하게 되었기 때문이다.

그날은 주일이었고, 아침부터 눈보라가 심하게 몰아쳤다. 그런데 이런 날씨조차도 하나님께서 그에게 내려주신 축복이었다. 그는 예전교회에 출석하려고 집을 나섰다가 눈보라가 너무 강하게 몰아치는 바람에 가까운 곳에 있는 한 작은 감리교회로 발길을 돌렸다. 교회에 들어가니 예배드리러 온 성도들은 겨우 10여 명 정도였다.

성도들은 큰 소리로 찬송을 불렀다. 큰 찬송 소리 탓에 찰스 스펄전은 어떤 생각도 할 수가 없었고, 어떤 소리도 그의 귀에 들어오지 않았다. 그의 마음은 여전히 착잡했다. 예배 시간이 다 되도록 담임목사는 도착하지 않았다. 눈 더미에 길이 막힌 것이 분명했다.

한동안 시간이 흐르자 예배드리러 온 성도 중 한 청년이 단 위로 올

라섰다. 그는 몹시 마른 체격에 초라한 행색을 하고 있었다.

"목사님께서 길이 막혀 못 오시는 모양입니다. 시간이 지났기 때문에 제가 예배를 인도하겠습니다."

그런 다음 그는 예배를 인도했다. 설교자는 당연히 고등교육을 받은 사람이어야 한다는 고정관념으로 볼 때 그 청년은 정말 초라하게 여겨지지 않을 수 없었다. 게다가 발음조차 정확하지 못해 더욱 어수룩하게 보였다.

순서가 되자 그는 설교를 시작했다. 성경 본문은 이사야서 45장 22절이었다.

"땅의 모든 끝이여 내게로 돌이켜 구원을 받으라 나는 하나님이라 다른 이가 없느니라."

주제는 '나를 바라보라. 그러면 구원을 얻으리라'였다. 아무도 그의 서투른 말 속에서 무언가를 얻을 수 있으리라곤 생각할 수 없었다.

"나를 바라보라는 말은 아주 간단합니다. 성경을 펼쳐보면 우리의 구원에 필요한 말은 단지 '나를 바라보라'는 한마디밖에 없습니다. 바라보는 일은 어떤 행동이나 수고가 따르지 않습니다. 그냥 눈만 목표를 향하면 되기 때문입니다. 손발까지도 움직일 필요가 없습니다. 단지 눈만 들면 됩니다. 신앙이란 주님을 바라보는 일입니다. 바라보는 일을 배우기 위해 대학교까지 갈 필요도 없습니다. 그냥 바라다보기만 하면 되기 때문입니다. 여러분들은 지금 이 세상에서 가장 어리석은 바보일지 모릅니다. 하지만 설사 그럴지라도 얼마든지 주님을 바라볼 수는 있습니다. 철없는 아이도 바라볼 수가 있습니다. 귀머거리와 늙은이도 바라볼 수는 있습니다."

그는 말을 이었다.

"그런데 많은 사람들이 주님이 아니라 자기만 바라보고 있거나 다른 사람만 바라보고 있습니다. 그런 태도는 구원을 얻는 데 아무런 도움이 되지 않습니다. 예수께서는 오직 그분만 바라보라고 하셨습니다. 그분은 당신만 바라보는 자를 향하여 이렇게 말씀하십니다. '나를 바라보라. 내가 지금 피를 흘리고 있노라. 나를 바라보라. 내가 지금 십자가 매달려 있노라. 나를 바라보라. 내가 지금 죽임을 당하였고 무덤에 묻혔노라. 나를 바라보라. 내가 지금 다시 살아나 하늘로 들림을 받았노라. 나를 바라보라. 내가 지금 하나님 우편에 앉아 있노라. 나를 바라보라. 오, 불쌍한 죄인이여, 나를 바라보라. 나를 바라보라' 이렇게 말입니다."

청년은 잠시 말을 멈추더니 찰스 곁으로 다가와 말했다.

"젊은이, 당신의 얼굴은 어두워 보이는군요."

"글쎄요. 어쩌면 그럴지도 모르겠습니다."

찰스는 엉겁결에 그렇게 대꾸했다. 사실 그는 청년의 정곡을 찌르는 말에 강한 충격을 받은 터였다. 바로 그때, 청년이 한 팔을 위로 뻗쳐 들면서 소리쳤다.

"예수 그리스도만 바라보십시오. 당신이 할 일은 이것밖에 없습니다. 자, 주님만 바라보시오."

찰스는 더 이상 머뭇거릴 수가 없었다. 순간적으로 그는 무릎을 꿇고 엎드려 주님을 향해 외쳤다.

"오! 주여, 이 죄인이 지금 주님을 바라봅니다. 저를 구원하여 주소서."

그때 찰스 스펄전은 가슴속에 홍수처럼 밀려드는 감격과 환희를 누를 길이 없었다. 그는 이 경험을 훗날 다음과 같이 말했다.

나는 그 순간 구원을 체험했습니다. '주를 바라보라'는 한마디가 나의 감긴 두 눈을 번쩍 뜨게 만들었습니다. 나를 혼란스럽게 했던 먹구름이 다 걷히고 밝은 태양이 떠올랐습니다. 그 감격스러운 체험은 영원히 잊지 못할 것입니다. 나는 구세주를 발견했고, 그분의 발치까지 날아오르는 법을 알았습니다. 그 감격과 기쁨을 잊을 길이 없습니다.

놀라운 설교 재능이 발견되다

거듭나는 뜨거운 체험을 하고 나서 찰스 스펄전은 다시 뉴마켓으로 돌아왔다. 그는 예전과는 전혀 다른 사람이 되어 있었다. 그의 가슴은 기쁨으로 충만했고, 그의 영혼은 하나님의 은총으로 활짝 개어 있었다. 그는 크신 하나님의 은혜를 기념하기 위해 다음과 같은 신앙 서약문을 작성했다.

오! 위대하시고 신묘하신 하나님이시여, 당신은 일찍부터 내 마음을 꿰뚫어 보셨고 내게 필요한 것들을 예비해주셨나이다. 나는 지금 성경의 도움에 전적으로 의지하면서 나 자신을 당신께 바칩니다. 나를 위해 주께서는 엄청난 희생을 감수하셨습니다. 이제부터 나는 영원무궁토록 변함없이 당신의 소유물로서 살겠습니다. 내가 이 땅에 살고 있는 한 오직, 당신 한 분만을 섬길 것이며 당신 한 분만을 기쁨으로 삼고서 길이 찬양하겠습니다. 아멘.

-1850년 2월 1일 찰스 스펄전

찰스는 집에서는 성경말씀을 적은 쪽지를 집안 곳곳에 붙여두었고, 학교에서도 틈만 나면 성경말씀을 종이에 적어서 사람들에게 나누어주었다. 그렇게 전도에 대한 열정이 불붙기 시작했다.

"찰스가 전혀 다른 사람이 되었어."

"무슨 변화가 생긴 것이 분명해."

"맞아, 그렇지 않다면 어떻게 그처럼 달라질 수 있겠어."

그를 눈여겨보는 사람들마다 그의 변화에 한마디씩 했다.

그러던 어느 날 한 친구가 그에게 물었다.

"찰스, 자네 무슨 일이 있었나? 무엇이 자네를 변화시켰지?"

그러자 그가 말했다.

"나를 구원하신 주님을 위해서 무슨 일이라도 하지 않으면 안 되겠다는 생각이 있을 뿐이야. 내가 들려주고 싶은 말은 이것뿐이야."

하지만 그에게 항상 구원의 기쁨만 넘치는 것은 아니었다. 은혜를 받음과 동시에 집요한 사단의 시험도 시작되었기 때문이다. 어느 날, 느닷없이 그의 마음에 구원받은 체험 이전의 의심이 먹구름처럼 덮쳐왔다.

'까불지 마라 찰스, 네가 지금 구원받았다고 우쭐대고 있지만 도대체 네 주위에 달라진 것이 뭐가 있느냐. 제발 자아도취에 빠지지 말고 예전으로 돌아가라. 그렇지 않으면 웃음거리밖에 되지 않을 테니까.'

그러나 이런 시험이 예전처럼 그를 극심한 고통 가운데 몰아넣지는 못했다. 잠시 영적으로 침체되기도 했지만 이런 과정을 통해 그는 더욱 성숙해졌다. 그 어떤 시련도 능히 이겨낼 만한 힘을 하나님께서 주셨기 때문이다.

찰스 스펄전은 시험을 겪고 난 후에 생각했다.

'그래, 참된 그리스도인으로서 산다는 것은 결코 편안하게 사는 것이 아니라 마치 전쟁터에서 일촉즉발—觸卽發의 위험을 무릅쓰고 싸우는 병사와 다름없어. 그러니 내가 어떻게 긴장하지 않은 채 지낼 수 있겠어.'

이때 비로소 그는 "오호라 나는 곤고한 사람이로다 이 사망의 몸에서 누가 나를 건져내랴"(롬 7:24)라는 사도 바울의 고백에 공감했다.

한차례 시련을 겪고 난 찰스에게 또 한 가지 중대한 문제가 생겼다. 그것은 어렸을 때 받았던 유아세례가 과연 유효한 것이냐는 의문이었다. 그의 할아버지와 아버지가 회중교회會衆敎會*측 목사였기 때문에 찰스는 자연히 유아세례를 받고서 정식 그리스도인이 되는 절차를 밟았다. 그가 새삼스럽게 다시 세례를 받을 필요는 없었다. 하지만 그는 변화를 받고 나서 나름대로 성경적인 세례는 매우 다른 의미를 가지고 있음을 깨달았다. 세례는 단지 교회 의식을 따르는 것만이 아니라 '그리스도와 함께 죽고 그리스도와 함께 산다'는 아주 중요한 복음적 메시지가 들어 있었던 것이다.

'그렇다면 유아 시절에 세례를 받았던 것이 도대체 무슨 의미가 있겠는가. 예수님 당시의 모든 사람들은 세례가 아니라 요단강에서 침례를

★ 회중교회 각 회중이 독립적이며 자율적으로 교회 운영을 실천하는 개신교단

받지 않았던가.'

마침 뉴마켓에서 가까운 곳에 침례교회가 하나 있었는데 그곳에는 윌리엄 캔틀로우라는 목사가 일하고 있었다. 이를 안 찰스 스펄전은 캔틀로우 목사에게 자기의 형편을 다 얘기하고 세례를 다시 받고 싶은데 허락해주겠느냐는 요청을 담아 편지를 보냈다.

캔틀로우 목사는 다음과 같은 내용과 함께 곧 흔쾌히 허락한다는 답장을 보내주었다.

"유아세례가 옳으냐, 그르냐 하는 문제는 신학적인 문제이기 때문에 단정 지어 한마디로 말씀드리기 어렵습니다. 그러나 나는 형제가 다시 세례받기를 원한다면 기쁘게 허락하겠습니다. 그러니 가급적이면 서둘러 찾아주십시오."

이런 답장을 받고서 찰스 스펄전은 부모님께도 편지를 보냈다. 비록 예전에 유아세례를 받긴 했지만 다시 침례를 받고 싶으니 허락해달라는 것이었다.

얼마 후에 아버지와 어머니의 의견이 담긴 답장이 도착했다.

"우리는 몇 번이나 너에게 답장 쓰는 일을 머뭇거렸단다. 왜냐하면 너에게 침례받기를 허락한다는 것은 우리 교회의 전통에 맞지 않는 일이기 때문이다. 그러나 네가 놀라운 구원의 체험을 하게 된 것을 우리가 곁에서 다 보았는데, 만약 너의 요청을 뿌리친다면 그것이 네게 상처가 되지 않겠느냐. 그래서 너의 요청을 기쁘게 허락하지는 못하지만 허락한다. 아무쪼록 주께서 함께하시길 빈다."

어머니가 따로 쓴 답장에는 다음과 같은 말도 적혀 있었다.

"찰스야, 나는 여태까지 네가 좋은 그리스도인이 되기를 늘 기도

했었지. 그러나 한번도 침례교인이 되게 해달라고 기도한 적은 없었단다. 하지만 이제는 너도 성숙했으니 너의 의견을 존중해주고 싶구나."

이렇게 하여 1850년 5월 3일, 찰스 스펄전은 캔틀로우 목사에게서 침례를 받았다. 이날은 자기 어머니의 생일이기도 했고, 몇 주일 지나면 찰스가 열여섯 살이 되는 때이기도 했다. 장소는 라크 강변에 있는 아일럼 나루터였다. 당시에도 교회 실내의 만든 욕조에서 침례식을 베푸는 경우가 많았지만 캔틀로우 목사는 반드시 이곳까지 와서 성도들에게 침례식을 거행하곤 했다.

이때의 경험을 찰스 스펄전은 훗날 다음과 같이 썼다.

이날 나보다 앞서 두 여자가 먼저 세례를 받았다. 내 차례가 되어 나는 강으로 들어갔다. 때마침 차가운 바람이 강물을 따라 불어왔다. 강변에서는 많은 이들이 나를 지켜보고 있었는데 한순간 나의 머리에는 저들이 천상의 증인들이 아닌가 하는 생각까지 들었다.

이때 나는 내가 하나님의 확실한 자녀가 되었다는 느낌이 강하게 들면서 그리스도와 함께 장사 지낸 바 되었다가 다시 태어나는 순간이라는 생각에 감격과 기쁨으로 가슴이 뭉클했다. 어쨌든 다시 세례를 받게 된 것은 감격적이었다. 나는 그 순간 나의 과거를 모조리 라크 강물에 씻어버리고 다시 주님 안에서 태어나는 일을 실감할 수 있었다. 지난날의 모든 불안과 두려움까지도 다 씻어버렸다.

찰스 스펄전은 세례를 받고 난 후에 뉴마켓에서 출석하던 교회로 부터 주일학교 교사가 되어 달라는 부탁을 받았다. 한참 구원의 기쁨에 빠져 있던 찰스는 기꺼이 학생들을 가르치기 시작했다. 16세의 어린 나이였지만 타고난 설교 실력과 영혼 구원에 대한 뜨거운 열정은 오래지 않아 큰 열매로 나타났다.

"찰스의 설교 실력은 정말 대단해. 그저 놀라울 뿐이야."

"주일학교 선생님이 그렇게 설교를 잘할 줄은 정말 몰랐어."

"믿기지 않으면 직접 가서 들어봐."

성도들 사이에서 이런 말들이 퍼지기 시작하자 주일학교 예배에 어린 학생들만이 아니라 어른들까지도 그의 설교를 듣기 위해 모여들었다.

어느 날은 그의 설교를 듣고서 감탄한 사람이 직접 물어왔다.

"찰스, 자네는 어떻게 그처럼 설교를 잘할 수 있게 되었는가?"

"무슨 말씀을요. 저는 제가 설교를 잘한다는 생각을 해본 적이 없습니다. 단지 학생들 앞에 설 때마다 저 자신이 죽어가는 입장에 서서 죽어가고 있는 다른 많은 사람들을 향해 말한다는 생각으로 복음을 전할 뿐이에요."

"하지만 언제나 그런 생각으로 설교하기는 쉽지 않을 텐데…."

"물론 쉽지 않지만 예수께서는 우리를 구원하시기 위해서 십자가에 못 박혀 돌아가셨다가 다시 살아나지 않으셨습니까?"

예수님의 참혹한 죽음과 영광스럽게 다시 살아나신 일을 생각하면 자연히 간절한 설교가 나올 수밖에 없다는 것이었다.

그의 설교에 대한 소문은 더욱 많은 사람들에게 전해져 얼마 후에는 주일학교 예배에 참석하는 학생들의 수보다도 장년들의 수가 더 많아 졌다. 찰스에 대한 성도들의 좋은 반응은 담임목사의 마음을 불편하게 만들기도 했다.

어쨌든 찰스 스펄전이 주일학교에서 설교했던 일은 그가 많은 대중 앞에서 복음을 어느 정도 잘 전할 수 있는지의 가능성을 충분히 보여 주었고, 찰스의 진로를 결정하는 데도 많은 영향을 끼쳤다. 그는 전도 자의 길을 가야겠다고 생각하게 되었고 기도를 드리기 시작했다.

"오, 하나님이여, 나를 당신의 도구로 써주소서. 진정 당신의 사역자 가 되기를 원합니다. 그리하여 나의 생애 동안 당신에게 커다란 영광을 돌리게 되기를 원합니다."

그는 부모님께도 다음과 같은 편지를 썼다.

> 저는 지금 아버지와 할아버지처럼 훌륭한 복음전도자가 되기를 갈망 하고 있어요. 나의 이런 소원을 하나님께서 들어주셔서 나를 수많은 사람들 앞에 세우실 것입니다. 저의 이런 모습을 부모님께서도 기도 하며 기대해주세요.

찰스 스펄전은 자기가 영적으로 번민하면서 방황할 때에 그 어떤 목사에게서도 죄의 문제를 시원스럽게 풀어주는 설교를 들어본 적이 없어 안타까웠던 일들을 생각하여 언제나 분명하고 직설적인 설교로 써 복음을 증거했다. 또한 이해하기 쉬운 말로 구원의 도리를 깨우쳐주었기에 어디서나 그의 설교는 환영받았다. 그의 이런 설교 방식은 그가 한 시대를 대표하는 설교자가 된 원인 중 하나였다.

1850년 가을, 찰스 스펄전은 케임브리지로 이사했다. 콜체스터에서 그의 성장에 크게 도움을 주었던 리딩 씨가 거기서 학교를 운영하고 있었기 때문이었다.

"찰스, 어떻게 자네가 이곳까지 오게 되었는지 아나?"

"대강 짐작은 갑니다만…."

"맞아, 자네 아버지의 청탁이 있었거든. 아버지는 어떻게 해서라도 자식한테 가능한 한 최고의 교육 기회를 제공해주려고 애쓰지."

"감사합니다. 앞으로 더욱 열심히 공부하겠습니다."

찰스는 이곳에서 세인트 앤드루 침례교회에 출석하기 시작했다. 처음 교회에 갔을 때는 아는 사람이 없어서 말 한마디 걸어오는 사람들이 없었다.

그러던 어느 날, 찰스는 예배가 끝나자 자리에서 일어나 한 신사를 향하여 먼저 말을 건넸다.

"안녕하셨습니까?"

"처음 보는 분 같군요."

"저는 낯설지가 않은데요."

"전에 날 본 적이 있나요?"

"아닙니다. 본 적은 없지만 우리는 다 그리스도 안에서 한 형제니까요."

"…?"

"이상하게 생각하지 마세요. 제 말은 지금 우리가 함께 그리스도 안에서 빵을 떼고 포도주를 마셨기 때문에 일찍 알았건 늦게 알았건 그리스도 안에서 한 형제나 마찬가지라는 의미로 말씀드린 것뿐이니까요. 당신도 그런 생각이 들지 않나요?"

신사는 고개를 끄덕이며 반가워했다.

"오, 듣고 보니 그렇군요. 밖에 나가서 함께 차나 마십시다."

이 일을 계기로 두 사람 사이에 각별한 우정이 오래도록 이어졌다.

찰스 스펄전은 케임브리지에 와서 신앙적으로 크게 성장했고, 지식 면에 있어서도 많은 것들을 놀랍게 섭렵해나갔다. 그는 젊은이라고 부르기도 이른 나이였지만 영적인 성숙함과 함께 말과 행동의 노련함도 장년층을 훨씬 능가할 정도였다.

열일곱 살의 담임목사

한편 세인트 앤드루 침례교회
안에는 마침 '평신도 설교자 연합회'라는 기구가 있었다. 그 모임
에서는 일반 성도들이 정기적으로 주변 여러 지역에 나가 복음 전하는
일을 주로 했다. 찰스 스펄전도 이 기구 안에 들어가 활동을 벌이기 시
작했다. 그는 그곳에서도 여러 사람들 앞에서 출중한 전도력과 언변
으로 인기를 얻었다.

어느 날이었다. 교회 안에서 평신도 설교자 연합회와 주일학교를
맡고 있는 제임스 빈터 씨가 찰스 스펄전에게 말했다.

"찰스 형제."

"무슨 일이신가요? 빈터 씨."

"주일학교 설교를 맡아줄 수 있겠소."

"아직 저는 부족합니다."

"아닙니다. 난 형제가 얼마나 놀라운 설교 능력을 갖고 있는지 알고 있습니다. 하나님께서 주신 재능을 복음전파 사역에 써야 하지 않겠습니까?"

"그렇다면….''

그래서 찰스는 세인트 앤드루 침례교회에 정식 교인이 된 지 얼마 안 되어 주일학교 설교를 맡게 되었다. 그는 케임브리지에 오기 전 뉴마켓에서의 주일학교 경험을 바탕으로 어렵지 않게 주일학교 일들을 시작했다. 이전과 마찬가지로 꾸밈없이 진솔하게 그리스도를 전하는 그의 설교가 학생들뿐 아니라 어른들에게도 큰 감동으로 다가갔다. 그는 오래지 않아 평신도 설교까지 맡았다. 이 모든 일은 하나님의 섭리 가운데 이루어진 일이었다.

빈터 씨가 찰스 스펄전에게 처음 평신도 설교를 맡기고자 했을 때 한 가지 방법을 생각해냈다. 직접 청하면 거절당할지도 모른다는 생각 때문이었다.

"찰스 형제, 한 가지 청이 있습니다. 오늘 오후에 테버셤에 한 번 다녀오지 않겠습니까?"

"무슨 일이 있나요?"

"우리 교회의 한 젊은이가 오늘 거기 가서 설교를 하게 되었는데 동행하는 이가 있으면 무척 기뻐할 것입니다."

"어렵지 않은 일입니다."

찰스는 곧 설교를 맡았다는 젊은이와 함께 테버셤으로 향했다. 길을 가던 도중에 젊은이가 입을 열었다.

"형제님."

"무슨 일입니까?"

"오늘 설교를 좀 맡아주세요. 난 여태까지 설교를 한 적이 단 한 번도 없어요."

"단지 나는 형제와 함께 동행하라는 부탁만 받았는데요."

"오늘 설교할 사람은 형제님밖에 없습니다. 난 경험도 없을 뿐만 아니라 아무 준비도 되어 있지 않거든요."

"저 역시도 준비되어 있지 않습니다."

"그런 말씀 마십시오. 그동안 형제님이 주일학교 학생들에게 설교하는 것을 몇 차례나 들었습니다. 형제님의 설교는 정말 감동적이었습니다."

결국 찰스 스펄전은 테버섬에 도착하여 평신도들 앞에서 뜻하지 않게 설교를 했다. 예배 장소는 작은 오두막이었고, 모인 성도들은 농장의 노동자들과 그 부인들 몇 명뿐이었다. 하지만 찰스는 어느 때보다 정성껏 설교했다.

예배를 마치고 나자 한 할머니가 소리쳤다.

"오, 당신에게 하나님의 크신 축복이!"

그런 다음 찰스에게 물었다.

"도대체 나이가 몇인가요?"

찰스는 웃으면서 대꾸했다.

"전 아직 예순 살은 안 되었습니다."

"내가 보기엔 열여섯 살도 안 되어 보이는 걸요."

할머니는 말을 이었다.

"좌우간 이제부터 우리 테버섬의 예배를 청년이 맡아주시오."

그러자 모인 사람들이 이구동성으로 말했다.

"그래요. 다음에도 꼭 오셔서 설교해주세요."

이 일로 찰스 스펄전은 본격적으로 설교 사역을 시작하게 되었다.

세인트 앤드루 침례교회의 평신도 설교자 연합회에서는 정기적으로 15개 정도의 마을을 순회하면서 전도를 했다. 찰스 스펄전은 거의 모든 설교를 도맡았고, 그의 설교로 많은 성도와 믿지 않는 자들이 말씀의 은혜를 체험하여 믿음의 성숙을 더해갔다.

전도활동이 바쁘다보니 찰스는 학교에서 공부하는 시간보다 여기저기로 불려 다니면서 설교하는 시간이 더 많아졌다. 그 와중에도 리딩 씨의 지도를 받으면서 학교에서는 공부에 열중했고, 몇 명의 학생들을 개인적으로 가르치기도 했다. 그의 동생인 아처는 찰스의 학교 성적에 관해서 그와 겨룰 자가 아무도 없었다고 했다.

당시의 일을 찰스는 다음과 같이 회고했다.

> 그때는 아무리 비가 많이 쏟아지고 어떤 방해가 있어도 설교 장소로 향했고, 어떤 때는 8마일 이상을 걷기도 했다. 하지만 복음에 대한 열정으로 조금도 귀찮다거나 불평하는 마음을 갖지 않았다. 나의 설교를 통해 하나님이 믿음의 역사를 이루신다는 생각을 하면 더 큰 사명감이 내 안에서 타올랐다.
>
> 말씀을 전하는 장소가 어디라도 좋았다. 어떤 때는 농부의 집 부엌에서 모이기도 했고, 어떤 때는 자리가 협착하여 마구간에서 모이기도 했다. 성도들은 그런 불편쯤은 조금도 개의치 않았고 나 또한 문제 삼지 않았다. 어쨌든 나는 당시에 전도자로서의 소중한 훈련을 쌓았다.

쉽게 알아들을 수 있는 말로 설교했기 때문에 나의 설교는 누구나 부담 없이 듣기를 좋아했다.

~

1851년 10월의 일이었다. 그는 어느 주일 워터비치 마을에 세워진 한 침례교회의 요청을 받아 그곳에서 설교하게 되었다. 그 교회는 담임목사 자리가 비어 있었기 때문에 주일마다 설교자가 필요했다.

이후 그는 서너 차례 그 교회에서 설교를 했다. 몇 번의 설교에 지나지 않지만 그곳에서 그의 인기는 대단했다. 성도들은 계속 그의 설교를 듣길 원했다. 드디어 교회의 책임자가 말문을 열었다.

"찰스 스펄전 씨, 우리는 당신만한 목회자를 찾지 못할 것 같습니다."

"그게 무슨 말입니까?"

"이제부터 우리 교회의 목회자가 되어 달라는 말입니다."

"저는 아직 어리고 학생의 신분인데 어떻게 그런 일을 맡을 수 있겠습니까? 저는 경험도 부족하고 지도를 더 받아야 합니다."

"주님의 일을 하는 데 경험과 연습은 그리 중요한 것이 아니라고 봅니다. 우리 교회의 성도들은 모두 당신의 설교를 원하고 있습니다. 그러니 허락해주십시오."

스펄전은 하나님께서 자신을 당신의 종으로 부르고 계시다는 사실을 분명히 감지할 수 있었다. 그래서 오래 생각하지 않고 요청을 허락

했다. 그의 나이 열일곱 살 때의 일이었다. 그는 교회를 맡으면서 학교를 그만두었고 목회에 열중했다. 열일곱 살의 나이로 담임목사 직임을 맡아 일한다는 것은 그 어디서도 찾아보기 어려운 일이었다.

그럼에도 스펄전의 탁월한 설교 능력과 적극적인 전도활동을 통해 얻은 많은 열매를 본 사람들은 그의 나이나 신분을 개의치 않고 선뜻 목회를 허락했다.

이때부터 그는 '소년 설교자'로서 이름을 떨치기 시작했다. 이 명칭 때문에 그를 잘 모르는 사람들도 호기심에 그의 설교를 들으러 오기도 했다. 설교자의 나이에 선입견을 갖고 있던 사람들도 그의 설교를 듣고 나면 생각이 변하기 마련이었다. 그의 명성을 듣고 자신의 교회에 스펄전을 초청한 목사들도 초라한 행색의 소년을 보고 당황하기 일쑤였다. 스펄전은 그런 그들의 표정이나 대우에는 아랑곳하지 않고 전과 다름없이 열정적으로 설교를 했고, 그의 설교를 들은 목사와 성도들은 또 한번 놀라지 않을 수 없었다. 그의 설교는 결코 어리거나 미숙하지 않았다.

찰스 스펄전이 워터비치 침례교회에 부임했을 당시 전체 성도 숫자는 약 40명이었다. 하지만 얼마 지나지 않아 그 숫자는 빠른 속도로 불어나서 정기적으로 예배에 출석하는 성도가 400명을 훨씬 넘어섰다. 어느 날은 사람이 너무 많아서 창문까지 터놓고 예배를 드려야 할 지경이었다. 좀 더 지나자 예배당 안은 더 이상 발 디딜 틈조차 없었다.

그는 교회 안에서만 설교하지 않고 거리에 나가서도 부지런히 전도했으며 때로는 방문 전도도 했다. 그는 한 교회의 목회자로서 빈틈없이 일을 해냈다. 출석 성도가 많았음에도 불구하고 그들의 이름을 다

외워 불렀다. 그는 병들어 앓고 있는 성도들을 일일이 찾아다니면서 위로하는 일을 잊지 않았고, 어려움 당한 이들에게 언제나 관심을 가지고 그들의 문제를 함께 풀어주려 애썼다. 그는 온 열정을 다해 그의 성도들을 보살폈다. 어린 나이 때문에 극복해야 할 문제도 많았지만 그는 자신이 할 수 있는 한 최선을 다해 진실하게 행했다.

또한 바쁜 중에도 그의 설교는 여전히 힘이 있었고 감동적이었다. 그는 비록 나이가 어리고 많은 학식과 경험도 없었지만 사랑과 진실을 담은 탁월한 그의 설교는 많은 영혼들을 변화시켰다. 주민들은 교회에 나와서 참회의 눈물을 흘렸으며, 그들의 굳은 마음은 예수 그리스도로 인하여 서서히 녹기 시작했다. 난폭하고 헐뜯는 마음에 사랑과 너그러움이 배이기 시작했다. 주님의 십자가가 그들을 변화시켰고, 교회 안에서는 참회와 감사의 눈물이 끊이지 않았다.

본래 워터비치는 대낮부터 술주정뱅이들이 비틀거리며 거리를 누비고, 어디서든 싸움판을 구경할 수 있는 타락한 마을이었다. 주민들은 난폭했고 서로에 대한 신뢰와 존경이 없었다. 이웃 간에도 서로 헐뜯기를 일삼았고, 주변 마을에서도 워터비치는 불량배들이 들끓는 곳이라는 소문으로 그 마을을 경계하고 피했다.

그런데 찰스 스펄전이 이곳 교회에 와서 일하면서부터 주민들의 심성이 서서히 변화되기 시작했다. 점차적으로 마을 주민들이 교회 성도로 바뀌면서 마을의 이미지도 바뀌었다.

거리에는 술주정뱅이들이 사라졌고 늘 볼 수 있었던 싸움판도 찾아보기 어려워졌다. 사람들은 들에 나가서 부지런히 일했고 그들의 생활을 충실히 해나갔다. 그러자 자연히 가정에도 변화가 왔다. 가정에서부터 하나님을 찬양하는 소리와 감사 기도 소리가 흘러나왔다. 그것은 찰스 스펄전을 통한 성령의 역사가 분명했다. 사람의 마음을 변화시키고, 사회를 변화시키고, 가정을 변화시키는 능력은 성령이 아니고는 결코 일어날 수 없기 때문이다.

찰스는 워터비치에서 살면서 사람들을 대하는 방법을 나름대로 터득해가기 시작했다. 하지만 사역 초기에는 어려운 일도 많았다. 어느 날 길을 걷고 있는데 마을에서 사납기로 이름난 한 부인이 느닷없이 그에게 거친 욕설을 퍼부으면서 달려들었다.

"뭐, 네가 목사 녀석이라고? 이 위선자야. 어서 썩 꺼져."

"…?"

"쳐다보긴 뭘 쳐다봐. 어서 꺼지라고 했잖아. 난 너 같은 껍데기들은 질색이야!"

"…."

그도 처음엔 몇 마디 대꾸하고 싶었다. 그러다가 생각을 바꾸어 그녀를 남겨둔 채 계속하여 길을 걷기만 했다. 그러자 그녀는 이번엔 그의 등 뒤에 대고 다시 소리를 질렀다.

"이제 보니 이 녀석은 사람이 아니라 목석이군. 에잇, 퉤."

한번은 워터비치 침례교회에 출석하던 한 여자 성도가 찰스 스펄전을 방문했다.

"무슨 일입니까?"

"교회에 그만 나오려고 합니다."

"아니 그게 무슨 말입니까? 무슨 일이 있었습니까?"

"제게는 확신이 없어요. 교회 다니면서도 제 마음은 늘 불편해요. 확신 없이 신앙생활을 한다는 것은 위선일 수밖에 없잖아요. 그래서….."

"이제부터라도 확신을 가지면 되지 않습니까? 용기를 가지세요. 믿음은 하나님이 주시는 것입니다. 그러니 하나님을 조금도 의심하지 말고 믿으세요. 그러면 하나님께서 역사하실 것입니다."

"정말 저도 확신 있는 신앙생활을 할 수 있을까요?"

"희망을 가지세요."

"너무 어려운 문제예요."

"전혀 희망이 없습니까?"

"물론 조금의 희망은 있죠."

이때 찰스가 엉뚱한 제안을 했다.

"기왕 교회 출석을 그만두시려거든 당신에게 있는 그 약간의 희망을 제게 다 파십시오."

"네?"

"당신의 그 희망을 제가 500파운드에 사겠습니다. 아마 그것을 남에게 당장이라도 되팔면 5,000파운드 이상 받을 수 있을 것입니다."

이 말을 듣고 그 여자는 두 눈을 크게 뜨면서 펄쩍 뛰었다.

"그게 무슨 소리예요? 설사 누가 나에게 1,000개의 세상을 준다고 해도 나는 내게 남아 있는 희망을 절대로 팔아넘기지 않겠어요. 이 희망은 바로 내 생명이기 때문이에요."

이 말을 들은 찰스 스펄전은 그녀에게 정중히 말했다.

"바로 그것입니다. 그런데 당신이 만약 교회 출석을 그만둔다면 그것은 값비싼 희망을 그냥 내던져버리는 것과 무엇이 다르겠습니까?"

혜성처럼 나타난 소년 설교자

　　　　　　　　　어느 날 아버지 존 스펄전이
찰스 스펄전을 찾아와서 말했다.

"이제 너도 정식으로 성직자가 되려면 마땅히 그 과정을 밟아야 하지 않겠느냐."

"과정을 밟다니요?"

"성직자 양성 코스인 수련학교 말이다."

"그래야죠."

당시에는 침례교회 성직자 수련학교로서 최고의 교육기관인 스테프니 대학교가 있었다. 아버지는 아들이 이 학교를 수학하고 나서 정식으로 목사 안수를 받도록 하고 싶었다.

이 대학교에서는 학생들에게 성경은 물론 일반신학 과목들에 대한 지식을 체계적으로 가르쳐주었다. 학과교육을 통하여 설교를 준비하는 요령과 이를 잘 전달하는 방법뿐 아니라 젊은이들에게 숙련된 삶의 방식을 훈련하기도 했다. 하지만 찰스 스펄전은 그런 과정을 굳이 배울 필요성을 느끼지 못했다. 그는 이미 삶을 통하여 그런 지식과 방법들을 스스로 익혔기 때문이다.

그는 대학교육은 받지 못했지만 그 어떤 명문대학교의 졸업생보다도 설교 실력이 탁월했고, 신학적 지식과 역량에 있어서 부족함이 없었다. 무엇보다도 그의 성공적인 목회 경험은 그의 사역에 두루 좋은 조건이 되었다.

뿐만 아니라 찰스 스펄전은 하나님을 굳게 신뢰하는 믿음과 확신을 갖고부터는 사람들을 두려워하지 않게 되었고, 사회적인 규범이나 형식에 의하여 누구에게 얽매이는 일을 싫어하는 독립적인 성격을 지니게 되었다. 그래서 그는 사람들이 만들어낸 틀을 과감히 벗어버리고 지금까지 자신이 해왔던 대로 자신의 지도력과 설교 능력을 가지고 사역을 계속하기로 했다.

계속된 찰스 스펄전의 목회는 성공적이었다. 그러나 하나님께서는 또 다른 기회를 예비하고 계셨다.

워터비치 침례교회에서 2년 동안 일하고 난 1853년 11월경에 찰스 스펄전은 케임브리지 주일학교 연합회로부터 설교 요청을 받았다. 이 모임에서도 그의 설교는 많은 사람들의 마음을 감동시켰다. 처음에는 나이가 어리다는 이유로 비웃던 목사들까지도 나중에는 그의 놀라운 설교 실력에 어찌할 바를 모르고 전전긍긍했다.

그때 마침 이 모임에는 조지 골드라는 사람이 참가하고 있었다. 그는 찰스 스펄전의 설교를 듣고서 누구보다 감격한 사람 가운데 하나였다. 그는 런던에 있는 뉴 파크 스트리트 교회에서 집사로 일하는 윌리엄 올니라는 사람에게 즉시 한 통의 편지를 써서 보냈다.

이곳 케임브리지 주일학교 연합회 모임에 참석하여 굉장한 젊은이를 발견하게 되었습니다. 워터비치 침례교회에서 일하고 있다는 찰스 스펄전이라는 젊은이인데, 나는 여태까지 어디에서도 그런 감동적인 설교를 들은 적이 없습니다. 그런데 문득 지금 목사가 없어 고심하고 있다는 뉴 파크 스트리트 교회가 떠올랐습니다. 나는 이 젊은이를 기꺼이 추천하고 싶은 생각에 이렇게 편지를 쓰게 되었습니다. 한번 만나보시는 것도 좋을 듯 합니다.

뉴 파크 스트리트 교회에서는 곧 찰스 스펄전에게 청탁장을 보냈다. 돌아오는 12월 18일 주일날, 본 교회에 와서 설교를 한 차례만 해달라는 내용이었다. 물론 이 편지를 받은 찰스 스펄전은 당황하지 않을 수 없었다. 뉴 파크 스트리트 교회라면 당시 어마어마한 규모의 교회로 이름난 곳이기 때문이었다. 그 편지를 받고 그는 무슨 착오가 있는 것이라 생각하여 곧 다음과 같은 답장을 보냈다.

저는 지금 열아홉 살밖에 되지 않았습니다. 제 이름이 찰스 스펄전인 것은 분명하지만, 생각하건데 귀 교회에서 설교를 청탁한 상대는 아마 동명이인이 아닌가 싶습니다. 다시 살펴보시기 바랍니다.

뉴 파크 스트리트 교회 측에서는 그들이 초빙한 설교자는 분명 현재 워터비치 침례교회에서 일하고 있는 찰스 스펄전이라면서 거듭 요청했다. 결국 그는 정한 날짜에 가서 설교하지 않을 수 없었다. 그렇게 뉴 파크 스트리트 교회에 갔지만 그는 그곳에서 난감한 일을 겪었다. 그를 본 교회 측에서 초빙은 했지만 이렇게 어린 사람일 줄은 몰랐다는 듯한 매우 실망스런 표정을 지었기 때문이다. 런던에서 가장 빼어난 교회의 강단에 서려면 학식이나 외모 등 모든 면에 있어서 특출한 실력을 갖춰야만 한다는 관점에서 볼 때 그는 하나도 내세울 것이 없었다.

특히 이 교회의 성도들은 대부분 부유하고 신분이 높은 이들이 많았기 때문에 소박한 시골 교회와는 분위기부터가 달랐다. 그래서 웬만한 사람들은 교회의 외형이 풍기는 웅장함과 교인들의 수준에 압도당하여 위축되기 일쑤였다.

또 예전에 이 교회에서 일했던 역대 목회자들을 살펴보더라도 찰스 스펄전과는 경쟁 상대가 되지 않았다. 교회의 역대 목회자들인 벤자민 키치, 존 길, 존 리폰 등은 당시에 뛰어난 설교자요, 신학자요, 저술가요, 목회자로 유명한 이들이었다.

담임목사 자리가 비어 있던 그즈음 몇 달 동안만 해도 이 교회에서는 여러 유능한 이들을 초청하여 설교를 들었다. 하지만 이들 가운데 누구 하나 두 번 다시 설교 부탁을 받은 자가 없었다.

"설교가 너무나 철학적이다."

"지나치게 지루하고 따분하다."

"그런 설교는 한 번 듣는 것만으로도 족하다."

성도들의 까다로운 평가에 쉽게 적임자를 찾기가 힘들었다. 그런 상황에서 찰스 스펄전을 보는 그들의 시선이 고울 리가 없었다.

그가 강단에 섰을 때 청중은 고작 200명 정도에 지나지 않았다. 1,500명이 앉을 수 있는 좌석에 비해 그 숫자는 너무나 적었다. 목회자가 없는 기간이라 성도가 줄기도 했지만 찰스 스펄전에 대한 평판이 낮아 빈자리가 많을 수밖에 없었다.

∽

찰스 스펄전은 이날 '하나님은 좋은 선물만 주신다'는 제목으로 설교했다. 그는 특히 하나님은 변함이 없으시다는 점과 그분의 선한 속성을 거듭 강조했다. 그리고 예수 그리스도를 이 땅에 보내주신 것은 무엇보다도 큰 하나님의 선물이었다는 점을 밝히면서 설교를 마무리했다.

그의 설교는 철학적이지도, 어려운 말로 고상하게 표현하지도 않았다. 그렇다고 그의 설교가 사람들의 인기를 끌기 위해 일부러 기교를 부리며 칭찬을 해줌으로 사람들의 기분을 좋게 해주는 그런 설교는 더욱 아니었다. 찰스는 워터비치에서 시골 사람들을 향해서 늘 설교했던 그 모습 그대로 설교했다.

"이런 설교는 정말 신선하다."

"이제야 하나님이 어떤 분인지 확실하게 알았다."

"정말 감동적이다."

설교를 들은 사람들은 흥분했고 모두가 예상 밖의 결과에 놀라고 있었다. 그래서 저녁예배 시간에는 몇 배의 성도들이 모여들었다.

"그의 설교는 지금까지 우리가 들어보지 못한 설교이다."

"그의 설교는 우리를 흥분시킨다."

소문은 금세 입에서 입으로 전해졌다.

이날 저녁에 찰스 스펄전은 '누구나 하나님 보좌 앞으로 나오라'는 제목으로 설교했다. 낮예배 못지않게 저녁예배에도 사람들은 그의 설교에 경탄과 칭찬을 아끼지 않았다. 어린 설교자를 향해 마음껏 박수를 보냈다.

예배가 끝났는데도 사람들은 찰스 스펄전과 대화를 나누고자 자리를 뜨지 않았다. 그리고 또 설교를 요청했다.

"언제 다시 한 번 더 설교해주십시오."

"일정을 잡아주시면…."

"따로 멀리 정할 필요가 어디 있겠습니까? 가능하다면 다음 주일에 다시 오셔서 설교해주시면 감사하겠습니다."

"그래도 될지 모르겠군요."

기회를 놓치지 않겠다는 듯이 그들은 간청했다.

"우리 교회 성도들은 영적으로 많이 갈급한 상태입니다."

"담임목사님이 안 계시기 때문에 교회가 침체 상태에 빠져 있습니다."

"앞으로 세 차례 정도만 설교해주셔도 다시 교회가 힘을 얻을 것 같습니다."

찰스 스펄전은 웃으면서 대꾸했다.

"저는 신학교는커녕 대학교 문턱조차 밟아 보지 못한 풋내기에 지나지 않습니다. 그런 저에게 이처럼 간청들을 하시다니 면목이 없군요."

그러자 그들 중 한 사람이 자신 있게 말했다.

"우리는 그동안 유명하다는 학자와 박사들의 설교를 수없이 들어왔습니다만 그들의 설교에서 신선한 감동이나 도전을 받지 못했고, 진부하고 논리적인 설교에 싫증을 느낄 뿐입니다. 만약 당신이 대학교를 나왔다면 처음부터 아예 초청조차 하지 않았을 것입니다. 그러니 우리의 요청을 순수하게 받아주십시오."

별 수 없이 찰스 스펄전은 뉴 파크 스트리트 교회에서 연속 3주 동안 설교를 했다. 그것은 누구도 미처 예상치 못했던 일이었다. 세 번의 설교에 지나지 않았지만 많은 성도들은 힘을 얻었고 도전을 받았다.

그가 세 번째 설교를 마치고 다시 워터비치로 돌아온 지 사흘도 지나지 않아서 뉴 파크 스트리트 교회로부터 그에게 정식 담임목사로 청빙한다는 편지가 배달되었다.

우리 교회에서는 당신을 담임목사로 모시기로 가결하였습니다. 사양치 마시고 응해주시면 대단히 감사하겠습니다. 당신 한 사람으로 말미암아 많은 사람들 위에 하늘의 축복이 넘치게 되기를 기도해 마지 않습니다.

청빙 문제를 두고서 찰스 스펄전은 고심하지 않을 수 없었다. 아무리 생각해봐도 쉽게 결정이 나지 않았다. 그의 나이 겨우 스무 살밖에 되지 않았고, 뉴 파크 스트리트 교회는 이미 영국 안에서 명성을 떨치고 있던 교회였기 때문에 그만큼 부담스러웠다.

며칠 동안이나 선택의 기로에 서서 고민하고 있는 동안 이번에는 그 교회의 대표자 몇 명이 직접 찾아왔다. 그들의 입장에서는 우물쭈물 날짜만 넘길 형편이 아니었다.

"우리는 지금 당신을 모시러 왔습니다."

단도직입적으로 그들이 말했다.

찰스 스펄전은 잠시 생각하더니 정중히 사양했다.

"아무래도 당신들의 청빙을 거절해야겠습니다."

"어째서입니까?"

"저는 아직 나이도 어릴 뿐 아니라 자격도 갖추지 못했기 때문입니다."

"외형적인 자격이 무슨 소용이 있습니까? 직분을 맡아서 수행할 만한 능력만 있으면 되지 않겠습니까?"

"사실 저는 여러분의 교회만큼 큰 교회를 맡을 만한 자질이 없습니다. 아무리 생각해도 제겐 너무 부담스러운 일인 것 같습니다."

그들이 아무리 사정해도 찰스 스펄전의 대답은 같았다. 이렇게 되자 찾아온 이들 중 한 사람이 의견을 내놓았다.

"그렇다면 당신이 우선 우리 교회에 와서 6개월쯤 시험목회를 해보면 어떻겠습니까?"

"그게 무슨 말씀입니까?"

"일단 시험 삼아 목회를 해보시고 그런 다음에 정식으로 목사직을 수락해도 좋다는 뜻입니다."

"어떻게 그럴 수가…."

"아니면 3개월 만이라도 좋습니다. 그러니 허락해주십시오."

"…."

더 이상 거절하는 것은 무례한 것 같아 찰스는 허락하지 않을 수 없었다.

"그렇다면 우선 3개월 동안만 시험 삼아 해보기로 하죠. 여러분들의 기도가 필요합니다. 부족한 저를 위해 합심해서 기도해주시기 바랍니다."

그렇게 찰스 스펄전은 런던에 소재한 뉴 파크 스트리트 교회의 목사 직을 시한부로 맡게 되었다. 1854년 2월, 그의 나이 이제 갓 스무 살이 되던 해의 일이었다.

그가 임직한 지 얼마 안 되어 뉴 파크 스트리트 교회는 다시 찾아온 성도들로 꽉 들어찼다. 그 후로 주일마다 새 성도들이 생겨났다. 뉴 파크 스트리트 교회의 변화는 곧 런던 시내와 인근 지역에 널리 퍼져 나 갔고 교회와 도시가 영적으로 새롭게 태어나는 계기가 되었다. 교회가 눈부신 부흥을 거듭하자 교회 안에서는 자연히 찰스 스펄전의 '성직 수 여' 문제가 제기되었다. 그것은 워터비치 시절에 그의 아버지가 제기 했던 문제이기도 했다.

"아무래도 정식으로 직분을 받는 절차를 치러야 하지 않을까요?"

이런 성도들의 요청에 찰스 스펄전은 한마디로 딱 잘라 거절했다.

"위로부터 신령한 직분을 수여받았으면 그것으로 된 것 아닙니까. 하나님께서 손수 행하시는 일에 인간이 무엇을 덧붙일 필요가 있겠습니까."

찰스 스펄전은 정식 절차를 밟은 성직자는 아니었지만 사람들은 누구나 그를 향하여 '목사'라고 호칭했다. 그리고 영국 안에 '제2의 휫필드'가 출현했다고 찬탄을 금치 않았다.

어느덧 시험 목회 기간으로 약속했던 3개월이 지났다. 찰스 스펄전과 교회 측은 다시 대안을 논의하지 않을 수 없었다.

"이제는 당신이 우리 교회를 영구히 맡아주셔야겠습니다. 당신이 아니면 우리 교회를 이끌 적임자가 없어요."

그동안 사역을 하면서 교회 실정을 익히 알게 된 스펄전도 달리 사양할 도리가 없었다.

"네 알겠습니다. 저도 기꺼이 수락하겠습니다."

그리고 그는 덧붙였다.

"다만 한 가지 부탁드릴 것이 있습니다. 온 교회가 저를 위하여 계속적인 기도를 해주십시오. 언제나 저로 하여금 깨어 있어 거룩한 임무를 잘 수행하도록 말입니다. 여러분이 잘 알다시피 저는 아직 나이도 어리고 경험도 부족합니다. 교회의 기도가 없다면 제가 어찌 이 큰일을 감당할 수 있겠습니까."

찰스는 그야말로 젊은 나이에 혜성처럼 출현한 지도자라고 할 수 있었다. 그는 사람들이 자기를 향하여 '목사'라고 부르는 일조차 싫어하여 성경에 나오는 용어 그대로 'pastor' 곧 '목자'라고 불러달라고 청했다.

찰스 스펄전은 1854년 4월에 뉴 파크 스트리트 교회에서 위임 목사가 되었다. 그는 이후 40년 동안 이 교회에서 성공적인 목회를 했다. 그것은 처음부터 하나님의 인도하심이었다.

높아진 명성과 쏟아지는 비난

사람들은 주일마다 예배당으로 구름떼처럼 몰려들었고 그 넓은 교회의 건물 안은 물론 바깥뜰까지도 많은 사람들로 붐볐다. 얼마 후에는 기존의 건물만 가지고서는 제대로 예배를 진행할 수 없다는 판단 아래 교회 증축을 시작했다.

증축 공사가 진행되는 동안 예배는 임시로 '엑시터 회관'을 빌리게 되었다. 이곳은 런던 중심지에 자리 잡은 4,000석을 갖춘 거대한 강당이어서 많은 사람들이 와도 구애받지 않고 설교를 할 수가 있었다.

그것도 잠시, 몇 주가 지나자 이곳도 차고 넘쳤다. 그즈음 예배당 증축 공사가 마무리되어 입석까지 합치면 3,000명 정도를 수용할 수 있었지만 사정은 예전보다 더 힘들어졌다. 엑시터 회관에서 예배드리던 숫자가 다 몰려들었기 때문에 증축한 건물로도 전부를 수용하기 어렵게 되었다. 할 수 없이 낮예배는 교회에서 드리고 저녁예배는 엑시

72

터 회관에서 드리게 되었다.

1년쯤 지나자 런던에서 그의 명성은 날로 높아져 찰스 스펄전은 영국 어디에서나 들을 수 있고 알 수 있는 인물이 되었다.

"찰스 스펄전은 빼어난 설교자이다."

"그는 영국인 중 영국인이다."

"누구도 그의 설교를 흉내낼 수 없다."

사람들의 입에서 그에 대한 칭송이 자자했다.

찰스 스펄전은 설교의 능력으로도 칭찬을 받았지만 그보다도 더욱 그를 돋보이게 한 것은 칭찬과 존경을 받으면서도 결코 교만하지 않은 겸손한 태도였다. 사람들은 그의 그런 모습을 더욱 칭찬했다.

"어떤 사람이든 찰스 스펄전이 그동안 받았던 칭송을 절반만 받았더라도 그는 벌써 오만(傲慢)의 자리에서 뒹굴고 있을 것이다. 하지만 그는 다른 사람들에게서 찬사를 들으면 들을수록 이를 기쁘게 여기기는커녕 그런 칭찬이 부담스럽게 여겨져 더욱 몸 둘 바를 모르니 그만한 인물도 찾아보기 힘들다."

"지금 영국의 수많은 목사들을 보라. 권위와 자만심에 빠져 거드름을 피우는 사람이 얼마나 많은가."

찰스 스펄전은 이때의 일을 두고서 다음과 같이 말했다.

런던에서의 목회가 성공을 거두어갈 때에 나의 마음은 기쁘기는커녕 도리어 깊은 심연에 빠져들었다. '이토록 수많은 사람들의 영혼을 계속 이끌어가야 할 나는 도대체 누구인가' 하는 무거운 자문을 떨쳐 버릴 수가 없었기 때문이다. 나는 고향으로 돌아가서 조용히 무명

인으로 묻혀 살고 싶었다. 또 어떤 때는 멀리 미국으로 이민을 떠나 버릴까 하는 생각이 들기도 했다. 그러나 내가 런던을 벗어날 수 없었던 것은 하나님께서 나에게 그럴 기회를 주시지 않았다는 이유 그것뿐이었다.

찰스 스펄전은 1856년 1월에 오랫동안 마음에 두었던 수잔나 톰슨Susannah Thompson 양과 결혼했다. 그들 부부는 처음부터 별문제 없이 정신적으로 조화를 잘 이루었기에 결혼 후 찰스 스펄전은 더욱 사역에 정진할 수 있었다. 수잔나 톰슨은 현명한 내조자였다. 그녀는 남편에 대해 이렇게 말하곤 했다.

"남편은 저에게 깊은 사랑을 베풀어주면서도 동시에 무엇보다도 자기는 하나님의 종이라는 점을 늘 상기시켜 주었습니다. 그래서 저도 늘 남편을 생각할 때 나의 남편이기 이전에 하나님의 종임을 잊지 않으려고 노력했습니다. 그래서 그가 언제나 하나님의 종으로서 유용하게 쓰임받기만을 기도했지요."

그렇다고 찰스 스펄전이 목회를 핑계로 부인을 소홀히 대한 것은 아니었다. 교회와 성도를 부지런히 섬기면서도 결코 아내에 대한 관심과 사랑은 식지 않았다.

그는 다음과 같이 아내에게 바치는 시를 쓰기도 했다.

당신에 대한 나의 사랑은
기쁨의 산실에서 태양처럼 솟아난다
삶도 죽음도 그 기세를 꺾지 못하고

찰스 스펄전은 교회 사역에 쉴 새 없이 뛰면서도 한편으로는 책을 집필하는 데 열중했다. 또 그런 중에 멀고 가까운 수많은 교회들로부터 설교 부탁이 쇄도해서 그에게는 시간이 늘 부족했다.

당시 영국 안에 있던 침례교회와 회중교회 등은 그 활동이 미미했고 크게 침체되어 있었다. 한때 활기를 띠었던 감리교회들마저도 그 열기를 찾아보기가 어려웠다. 한마디로 교회 전체가 생기를 잃어가고 있었다. 이런 삭막하고 메마른 시기에 혜성같이 출현한 설교자 찰스 스펄전이 많은 사람들의 관심을 끌었다. 하나님은 당대에 가장 필요한 사역자를 보내서서 결코 교회가 생명을 잃지 않도록 돌봐주셨던 것이다.

찰스 스펄전은 비록 대학교육은 받지 못했어도 꾸준한 독서 덕분에 그의 지적 수준은 언제나 수준 이상이었다. 어려서부터 습관처럼 되어온 독서가 그를 박식한 목사로 만들었다. 그의 책장에 진열되어 있는 책만 해도 1만 권이 넘었다. 그런 그를 가르켜 사람들은 '백과사전적 두뇌를 가진 존재'라고 일컬었다. 스펄전은 자신의 성경 지식을 모아《주해와 주석》이라는 책을 내기도 했는데 이 책을 집필하기 위해 그는 약 3,000권의 책을 참고했다.

"나는 무던히 애쓰면서 그 많은 참고 서적들을 독파했고 거기에서 얻어진 것들을 집필하던《주해와 주석》에 응용했다. 아마 그 누구도 이만한 거대한 작업은 결코 이루어내지 못할 것이다."

그의 해박한 지식은 설교할 때마다 자유자재로 활용되었다. 요한 웨슬레와 조지 휫필드 등 수많은 인물들의 일화를 인용하면서 그 정신의 유대성을 부각시켜 청중들을 일깨웠다.

그의 설교는 무엇보다도 누구나 알아듣기 쉽다는 것이 그 특징이었다. 그는 일단 설교의 제목과 주제를 설정하면 성경말씀들을 자유자재로 사용하면서 명확하게 전달했다. 또 한 가지 그의 설교의 특징은 개인적인 대화처럼 다정다감해서 사람들의 마음을 끌어당기는 힘이 있었다. 그의 목소리는 매우 맑아서 '은종銀鐘의 선율 같다'는 칭찬을 받기도 했다. 또한 가식 없는 그의 표정과 태도가 더욱 사람들의 신뢰를 얻게 했다.

~

찰스 스펄전의 런던에서의 목회는 성공적이었다. 그러나 성공의 뒷면에는 항상 시기와 불만을 가지고 비난을 퍼부어대는 부류의 사람들이 있기 마련이다. 그에게도 예외는 아니었다. 그에 대한 찬사와 칭찬이 쏟아질 때에도 그를 노리는 치명적인 비난의 소리는 언제나 있었고, 그것이 하나님 앞에서 그가 더욱 겸손할 수 있게 만들었다.

그에 대한 비난의 소리는 뉴 파크 스트리트 교회에서의 사역 초기부터 시작되었다. 허점을 들추어내기 좋아하는 사람들은 혜성처럼 등장해 사람들의 찬사와 존경을 받는 젊은이를 곱게 보지 않았다.

"찰스 스펄전은 대학 문턱조차 밟아보지 않았다."

"그는 성직 수여의 과정도 거치지 않았다."

"그는 타고난 말재간을 이용해 성도들을 속이고 있다."

그 무렵 런던의 템스 강 유역에서 유행성 콜레라가 발생하여, 많은 사람들이 죽었다. 찰스 스펄전은 만사를 제쳐놓고 사방팔방으로 뛰어다니면서 병든 자들을 돌보는 일에 정신없이 시간을 보냈다. 그는 목숨이 위태로운 이들을 보며 마음이 바쁘지 않을 수 없었다.

  물론 그가 이런 일에 뛰어든 것은 사람들을 의식하여 인기를 얻으려고 한 것은 아니었다. 진정 영혼을 사랑하는 마음에서 행한 일이었다. 이 일로 그에 대한 비난이 어느 정도 잦아들기도 했지만 그의 성공을 시기하는 자들의 독설은 얼마 지나지 않아 다시 터지기 시작했다.

  특히 몇몇 신문은 찰스 스펄전에 대한 비난 기사를 실어 치명적인 타격을 입혔다. 어떤 신문들은 입에 담기조차 어려운 욕설로 야비한 공격을 감행하기도 했다. 어떤 신문은 찰스 스펄전의 목회를 가리켜 '당나귀 축제의 현대판'이라고 비꼬기도 했다.

  > 신학적 진리를 미치광이 광대놀이로 전락시켜선 안 된다. 그런데도 불구하고 찰스 스펄전은 계속하여 청중들을 자신의 우스개 놀이감으로 삼고 있다. 더 이상 쓸데없이 부풀어 오르는 맥주병의 거품 같은 헛된 설교를 사람들이 듣고 싶어 하지 않는다는 사실을 그는 알아차려야 할 것이다.

  심지어 한 신문에서는 그를 만화의 소재로 삼아 완전히 웃음거리로 만들었다. 하지만 그런 비난과 조소의 말들은 모두 사실무근이었다.

  《익스프레스》지의 한 특파원은 다음과 같은 기사를 실었다.

찰스 스펄전의 설교는 부도덕하고 표현도 과장되기 일쑤였다. 어떤 회중교회 목사 하나는 그의 설교를 듣고 나서 그것은 하나님과 인간을 동시에 모욕한 것이라고 말했다.

또 뻔뻔스럽기 짝이 없는 이 설교자는 젊은 숙녀들 앞에서 자기에겐 약혼자가 있으니 이젠 더 이상 털실로 짠 슬리퍼를 선물하지 말아달라는 요청을 하기도 했다. 그는 많은 젊은 여인들로부터 그동안 무척 시달렸던 것으로 보인다.

이런 기사를 본 독자들의 거센 항의가 빗발쳤다. 그러자 신문사 측에서는 즉시 슬리퍼 얘기만 사실이 아니었다고 발뺌했다. 이런 보도를 시작으로 그동안 찰스 스펄전에 대하여 악의惡意를 품어왔던 다른 신문들도 앞다투어 그 보도를 복사하다시피 하여 기사화했다.

《렘베스 가제트》지는 다음과 같은 기사를 써서 보도했다.

젊은 여인들은 그에게 현혹당하여 정신없이 날뛰고 있는 형편이다. 그가 얼빠진 소녀들로부터 여러 가지 선물을 받은 것만으로도 상점 하나를 차리고도 남을 정도이다.

《에섹스 스탠다드》지는 다음과 같은 기사를 실어 보도했다.

그의 설교는 속되고, 무조건 소리 높여 고함치는 것밖에 없다. 그는 불경스러운 종교 장사꾼에 지나지 않는다. 그에 의하여 성스러운 종교가 추잡하게 더렵혀졌고 지나칠 정도로 타락해버렸다.

《패트리어트》지는 다음과 같이 보도했다.

찰스 스펄전은 조숙한 풋내기에 지나지 않는다. 그리고 자기 하나만 옳다는 독선적인 칼빈주의자이기도 하다. 그는 잘못된 자기 신앙에 도취되어 예수 그리스도의 대속을 복음적으로 강조하는 목사들의 말을 거부하면서 비웃기도 한다. 한마디로 그의 설교는 세상에서 가장 사악한 거짓말에 지나지 않는다.

《패트리어트》의 이런 비난은 신학적인 문제를 들어 반대하고 나선 유일한 경우였다. 스펄전은 언젠가 '칼빈주의 옹호'라는 글을 써서 발표한 적이 있었다. 그리고 후에는 이 글을 자기의 자서전에 하나의 단락으로 삼기도 했다.

올바른 칼빈주의 교리가 칼빈이라고 부르는 한 개인에게서 나왔다고 생각하면 결코 안 됩니다. 왜냐하면 칼빈은 어거스틴*에게 자기의 교리의 근거를 두고 있고, 어거스틴은 자기의 가르침을 성경과 그리스도에게서 찾아냈기 때문입니다. 그런데 오늘 영국 교회 지도자들은 이런 칼빈주의의 흐름을 크게 왜곡시키고 있습니다. 소위 극단적인 칼빈주의자들이 현재 가르치고 있는 것들은 칼빈의 논지와는 전혀 다른 것이기 때문입니다.

★ 어거스틴 Augustine, 중세 기독교 역사상 가장 위대한 신학자이자 목회자(354~430). 그의 탁월한 신학과 사상은 기독교뿐 아니라 서양 철학사에도 큰 영향을 미쳤다.

처음부터 찰스 스펄전은 칼빈주의가 진리의 창시자로부터 나온 것이라고 믿고 있었다. 그리고 이 신학적 교리들은 그 밑바탕에 하나님의 자비의 사상이 깔려 있는 것이라고 믿었다.

그는 칼빈주의 사상에 익숙하게 배어 있었다. 그의 이런 사상적 배경은 그가 어려서부터 할아버지 제임스 스펄전 목사가 다른 여러 목사들과 어울려 주고받던 신학적 논의들을 수차례 들으면서부터였다. 그가 런던에서 목회를 하던 처음부터 목회 방향이 개혁자의 활동과 별로 다를 것이 없었던 까닭이 바로 여기에 있었다.

한마디로 찰스 스펄전은 분명히 칼빈주의자이면서도 다른 칼빈주의자들이 주장하는 제한된 그리스도의 선택설에는 정면으로 반대했다. 그리고 제한된 선택설은 칼빈의 논지가 결코 아니라고 주장했다. 그는 '제한된 선택'이라는 말 대신 '개개인의 구원'이라는 말을 즐겨 사용했다. 하나님의 선택은 제한이 아니라 열려 있는 선택이라는 의미였다. 그는 또 자기의 신앙을 다음과 같이 피력했다.

하나님께서 인간을 구원하려고 선택한 것은 분명하다. 그러나 우리는 그것을 인간의 자유의지가 전혀 배제된 강제적인 제한이라고만 알아들으면 절대 안 된다. 구원은 하나님의 기쁘신 뜻일 뿐만 아니라 그분은 누구나 당신께 오라고 초청하고 계시기 때문이다. 구원의 복음은 전 인류에게 차별 없이 주어지고 있다. 그리고 이런 결과로 그 열매가 헤아릴 수 없이 맺어지고 있다.

하지만 극단주의자들의 주장은 죄인들에게 그리스도와 구원의 필요성을 깨우쳐주는 일에도 아무런 도움을 주지 못했다. 심지어 하나님께서 선택받은 자들만 구원하시기 때문에 누구에게나 복음을 전해야 할 필요가 없다고까지 주장했다. 그들은 실제로 적극적으로 죄인들을 찾아 나서지 않았다. 그것은 땅끝까지 복음을 전하라는 그리스도의 명령을 부인하는 셈이었다.

그들은 복음을 전하는 일에 극히 소극적이었을 뿐만 아니라 심지어 복음을 널리 전하려고 노력하는 이들을 비난했다. 극단론자의 대표격인 제임스 웰스 목사가 찰스 스펄전을 향하여 혹독한 공격을 퍼부었던 이유가 거기에 있었다.

"찰스 스펄전은 구원이 무엇인지 전혀 알지 못하고 있다. 구원의 체험조차도 없는 것이 분명하다."

온건론이건 극단론이건 이해하는 차원에서 말하면 그것은 신학적 범주 안에서 일어난 견해 차이에 지나지 않았다. 하지만 극단론자들은 때를 만난 듯이 이런 차이를 가지고 찰스 스펄전을 가리켜 이단자로 몰아붙이려 들었다. 그를 '독선적인 칼빈주의자'라고 지칭하고 있는 점이 이를 잘 암시하고 있다.

찰스 스펄전을 두고 이런 유언비어들이 난무했던 이유는 그의 설교를 들으려고 사람들이 몰려들자 자기가 피해를 당했다고 여기는 사람들이 거침없이 악담을 쏟아냈기 때문이다. 특히 국교 지지파들이 더욱 악랄한 수법을 동원하여 그 기세를 꺾으려 했다.

하지만 스펄전은 이러한 치명적인 비난의 소리를 들으면서도 의연하게 그의 일들을 진행시켰다. 그는 변명하거나 사람들을 향해 자신의 진실함을 호소하지 않았다. 그저 자신의 일을 묵묵히 할 뿐이었다.

그러던 어느 날, 그 모든 비난의 소리를 듣고 있던 부인 수잔나 톰슨이 말했다.

"여보, 이처럼 험한 중상모략이 많은 사람들을 어지럽히고 있는데 당신은 어째서 입을 닫고만 계시나요? 당신도 해명하는 글을 쓰세요."

침착한 목소리로 찰스 스펄전이 말했다.

"예수께서 악한 자를 대적하지 말라고 하지 않으셨습니까. 내가 대항하고 나선다면 내가 그들과 다를 게 무엇이겠소. 또 예수께서는 나로 말미암아 너희를 욕하고 박해하고 거짓으로 너희를 거슬러 모든 악한 말을 할 때에는 너희에게 복이 있다고 하셨습니다. 그렇다면 악한 자들을 대적하는 일이야말로 그런 복을 내던지는 꼴이 아니고 무엇이겠습니까."

"…"

"끝까지 참으면 됩니다. 그러면 하나님은 우리가 그동안 받은 모든 곤욕들을 영광의 면류관으로 바꾸어주실 테니까요. 두고 보십시오. 하나님은 절대로 말씀대로 행하는 자를 버리는 법이 없으십니다."

찰스 스펄전이 어느 누구에게도 결코 대항치 않았던 것은 중심에 하나님에 대한 굳은 믿음이 자리 잡고 있었기 때문이었다.

반대자들에 의한 참사

이런 와중에 예상하지 못했던
사고가 발생했다. 교회 증축 때문에 엑시터 회관을 빌어 사용하다가 사
람이 많아지자 '서레이 가든 음악당'을 예배 장소로 사용하게 되었다.
엑시터 회관은 4,000석이었으나 서레이 가든 음악당은 1만 명을 수
용할 수 있는 거대한 강당이었다. 주일마다 기하급수적으로 불어나는
성도 수를 감당치 못하여 마침내 이 음악당을 사용키로 한 것이었다.
이전에 조지 휫필드가 2만여 명의 청중을 야외에 모아 놓고서 설교한
적이 있었지만 누구도 그 많은 사람들을 옥내로 끌어들여 설교한 자는
없었다. 예배 장소가 좁아 복음을 들으러 왔다가 그냥 돌아간다는 것은
목자의 입장에서 보면 안타깝기 그지없는 일이었다.

하지만 반대자들은 찰스 스펄전 활동의 팽창은 자기들에게 결정적
인 타격을 줄 것이라는 판단 아래 결사적으로 그의 활동을 저지하지 않

으면 안 된다고 생각했다.

"찰스 스펄전이 예배 장소를 서레이 가든 음악당으로 옮겼다."

"그렇게 되면 다른 교회들이 당하는 피해가 상상을 초월하게 되지 않겠는가."

"좌우간 우리가 구경만 하고 있어선 안 된다. 조치를 취해야 한다."

찰스 스펄전이 서레이 가든 음악당에서 설교한다는 소문은 삽시간에 런던 전역에 퍼져 나갔다.

"스펄전 목사가 음악당에서 설교한다는군."

"굉장히 많은 사람들이 모이겠는데."

"이번에야말로 그를 비난하는 자들의 콧대가 꺾이겠군."

이 음악당에서의 개회예배는 1856년 10월, 어느 주일날 오후였다. 뉴 파크 스트리트 교회의 성도들은 물론 많은 시민들도 이날을 기대하며 기다렸다.

드디어 첫 번째 예배 시간이 되었다. 아니나 다를까 모여든 사람들의 숫자는 예상을 훨씬 뛰어넘었다. 거대한 강당이었음에도 나중에 도착한 사람들은 안으로 들어갈 수 없을 정도였다. 찰스 스펄전 자신도 강단 위로 올라가다가 깜짝 놀라고 말았다. 그조차도 사람들의 숫자에 그만 압도당한 것이었다.

예배는 은혜롭게 잘 진행되었다. 찬송을 부르는 소리가 어느 때보다도 웅장하고 기쁨에 넘쳤다. 찰스 스펄전은 설교를 하기 앞서 하나님 앞에 먼저 간절히 기도했다.

"하나님 아버지여, 오늘 우리에게 이토록 넓은 장소를 허락하시고 많은 성도들이 함께 모여 예배를 드리게 된 것을 감사합니다. 이제 저로 하여금 바른 복음을 전하여 이들에게 구원의 기쁨과 감격을 체험하게 하여 주소서.”

큰 목소리로 기도를 계속하고 있을 때였다. 난데없이 발코니 쪽에서 경악에 찬 외침소리가 잇달았다.

“불이야!”

다음 순간 아래층에서도 연쇄적으로 외치는 소리가 터져나왔다.

“어서 피해라.”

물론 그 많은 사람들 가운데 누구 하나 불을 본 자는 없었다. 실제로 불이 난 것이 아니었기 때문이다. 그러나 사람들의 요란한 외침은 금세 장내를 난장판으로 만들어버렸다.

“사람 살려.”

“비켜라, 비켜.”

사람들은 문과 계단으로 순식간에 몰려들었다. 얼마나 사람들이 경황없이 날뛰었던지 심지어 발코니에 앉아 있던 이들이 난간을 부서뜨리면서 아래층으로 마구 떨어져 내리기까지 했다.

인파가 밀리자 힘이 없는 부녀자와 아이들은 넘어지면서 그 밑에 깔려 짓밟혔다. 하지만 누구 하나 넘어진 자들을 구하려 들지 않았고, 그렇게 쓰러진 사람들은 그대로 깔려 죽었다. 그야말로 아비규환이었다. 찰스 스펄전을 적대하여 왔던 자들의 계략이 적중한 셈이었다.

강단 위에 서 있던 찰스 스펄전은 사태를 진정시켜 보려고 손을 들어 흔들면서 큰 소리로 진정할 것을 외쳐보았지만 소용없었다.

“여러분, 당황하지 마십시오. 진정하시고 정신들을 차리십시오.”

그는 생각다 못해 사람들 안으로 뛰어들어 말려보려고 했지만 수많은 인파 사이에서 역부족이었다. 밖으로 뛰쳐나온 사람들은 어디서 불길이 솟는지 알아보려고 사방을 둘러보았다. 그러나 어디에서도 불길은 보이지 않았다. 그런데도 장내에서는 사람들이 다 빠져나갈 때까지 무서운 소동이 계속되었다.

사람들은 음악당을 다 빠져나온 다음에야 불이 났다는 것이 거짓이었음을 알게 되었다.

"누군가 우리를 속였어."

"맞았어. 예배를 일부러 방해하려고 했던 거야."

"세상에 누가 이런 일을…."

어처구니없는 이 소동은 해프닝으로 여기기에는 피해가 너무 컸다. 바닥에 쓰러져 짓밟혀 죽은 사람이 7명이나 되었고, 중상을 당하여 병원으로 실려 간 사람만 해도 30여 명이었다. 그밖에 가벼운 상처를 입은 사람들까지 다 합하면 그 피해는 상당했다.

큰 충격을 받은 찰스 스펄전은 그 자리에서 기절을 하고 말았다. 성도들은 실신하여 쓰러진 그를 가까스로 거처로 옮겼다. 그런 다음 다시 그를 조용한 교외로 빼돌려 아무도 모르게 피신시켰다.

"지금 극도의 충격에 빠져 있기 때문에 사람들을 만난다는 것은 무리입니다."

"지금 신문 기자들이 몰려오고 있을 것입니다. 우선 피신을 시켜야겠습니다."

신문 기사들은 동정적인 부분도 없지는 않았지만 심한 비난을 실은 내용이 대부분이었다.

예배는 어디까지나 교회 안에서만 드려져야 하는 것이 원칙이다. 이렇게 볼 때에 극장과 다름없는 음악당에서 예배가 드려졌다는 사실부터가 잘못이었다. 그런 행위는 신성모독이 아니고 무엇인가. 우리 사회 안에 살고 있는 양심적인 지성인들은 채찍을 들고서 그런 사악한 무리들을 꾸짖어 내쫓아야만 한다. 인간을 구원한다는 종교 행사장에서 도리어 사람들이 죽어 나가고 수많은 이들이 팔과 다리가 부러진 채 신음하면서 끌려나오다니 이런 어처구니없는 일이 어디 있단 말인가. 찰스 스펄전은 헌금함 속에 떨어지는 동전 소리에만 귀를 기울이다가 그토록 비통한 아우성은 듣지 못했단 말인가.

찰스 스펄전은 피신한 상태에서 아무도 접촉하지 않은 채로 일주일을 조용히 보냈다. 그는 조용히 성경을 묵상하며 기도에 힘썼다.

"이러므로 하나님이 그를 지극히 높여 모든 이름 위에 뛰어난 이름을 주사" 하는 빌립보서 2장 9절 말씀은 그에게 큰 위로를 주었다.

그는 어느 정도 마음의 안정을 되찾고 난 후 다시 집으로 돌아와 참사를 당한 유가족들을 일일이 방문했고 부상을 입은 자들은 병상까지 찾아다니면서 위로해주었다. 아파서 고통당하거나 죽은 가족을 위해 눈물 흘리는 이들을 보면서 그는 무거운 마음을 가라앉힐 수가 없었다. 물론 자신이 직접 책임져야 할 일은 아니었지만 내내 그의 마음은 고통스럽고 아팠다.

뉴 파크 스트리트 교회는 서레이 가든 음악당의 참사를 겪고 나서 서둘러 새 교회 건축을 계획했고 공사에 들어갔다.

이후에도 찰스 스펄전을 향한 비난은 계속되었다. 그는 비범한 하나님의 종이었지만 사람들이 그의 소중한 가치를 알기까지는 더 많은 시간이 필요했다. 그런 비난의 소리들이 그에게 가시가 되었지만 결코 무익하거나 해가 되지는 않았다. 왜냐하면 그가 자신에게 쏟아지는 여러 비난의 소리들을 끊임없이 자기를 부정하고 채찍질하는 소리로 들었기 때문이었다.

아무리 심지가 견고한 사람이라 하더라도 늘 칭찬과 찬양만 받는다면 교만과 위선에 빠지기 마련인데 하나님은 이런 위기를 통해 그가 하나님의 신실한 종으로 다듬어질 수 있게 하셨다. 스펄전은 자신이 당했던 곤욕들이 하나님께서 그를 단련시키기 위해 허락하신 시험이었다고 생각했다.

'그렇다. 나는 끊임없이 나 자신을 부정해야만 하나님이 주신 사역을 잘 감당해나갈 수 있다. 그렇지 않고 내가 어떻게 예수 그리스도를 바르게 배울 수가 있고 그분으로 하여금 나 자신 안에서 온전히 역사하시도록 할 수 있겠는가. 하나님의 영광을 위해서는 그 어떤 명예도 미련 없이 버려야 하고 그 어떤 고난도 감수해야만 한다. 오 하나님, 저를 당신의 온전한 종으로만 만들어주소서.'

가난한 자들의 친구

새 예배당 건축이 진행되는 3년 동안 찰스 스펄전은 주일 낮예배는 뉴 파크 스트리트 예배당을 사용하였고, 저녁예배는 계속해서 서레이 가든 음악당을 이용했다. 어디서 예배를 드려도 참석 인원은 언제나 가득 차고 넘쳤다. 원래 뉴 파크 스트리트 교회는 부유층 인사들과 중산층 인사들, 그리고 학식이 많은 지식층 인사들이 주축을 이루었다. 그러다 예배 장소로 엑시터 회관과 서레이 가든 음악당을 계속 이용하게 되자 빈민층 사람들이 많이 모여들었다.

당시 런던 시내에는 가난한 사람들이 많았다. 그들 가운데는 병들어 신음하고 있는 자들과 알코올 중독과 도둑질 등 부도덕한 행위를 서슴없이 저질러대는 자들도 많았다. 또 이들 가운데는 너무나 생활이 어렵고 힘들어서 자살하는 사람들이 계속 늘어갔다. 그들은 삶의 의미를 찾지 못한 채 하루하루를 고통과 실의에 빠져 살았다. 그런 그들에게 복음은 삶의 청량제이며 유일한 희망이었다.

삶에 찌들린 그들이 찰스 스펄전의 설교를 듣기 위해 모여들었다. 그의 설교는 누가 들어도 쉽게 이해할 수 있었기 때문에 교육을 받지 못한 자들도 찾아왔다. 또한 교회가 아닌 강당에서 예배를 드린다는 것이 부유한 사람들만 드나드는 곳으로 인식된 뉴 파크 스트리트 교회에 가는 것보다 그들에게 훨씬 부담이 덜했다.

빈민층 사람들이 찰스 스펄전에게 호감을 갖게 된 것은 예전 콜레라가 발생했을 당시 그가 헌신적으로 뛰어다니며 환자들을 보살피던 모습을 보고부터였다. 그때 그는 전염병의 감염을 두려워하지 않고 가난한 병자들을 찾아다니면서 위로하고 기도해주었으며, 죽은 자들을 위해서는 친히 장례를 치러주기까지 했다.

한편 반대자들의 비난도 계속되었지만 이런 비난들은 역작용만 일으켰다. 반대자들이 노렸던 효과와는 정반대로 사람들이 더 많이 찰스 스펄전에게로 몰려들었다.

"스펄전 목사가 정말 이단자란 말인가?"

"소문만 들으면 매우 부도덕한 자이던걸."

"어디 한번 가서 직접 그의 설교를 들어보자고. 그러면 확인될 게 아닌가."

이러한 떠도는 소문을 들은 사람들이 도리어 더 많이 모여드는 기현상이 나타났다.

그 어떤 일보다도 서레이 가든 음악당에서 일어났던 참사는 그 일을 꾸민 자들에게 도리어 큰 타격이었다. 자기가 판 함정에 자기가 빠지게 된 경우와 다를 것이 없었다.

"스펄전 목사를 중상하던 자들의 술책이 분명해."

"그렇지 않고서야 어떻게 멀쩡한 현장에서 불이 났다는 유언비어가 생겨날 수 있겠어."

그 사건을 두고 여론은 다양했지만 오히려 많은 사람들이 찰스 스펄전에게로 돌아섰다.

그러자 반대자들은 찰스 스펄전의 설교 태도를 비난의 표적으로 삼았다. 너무나 경망하다는 것이었다.

"그게 어릿광대짓이 아니고 무엇인가."

"설교한답시고 우스갯거리만 말하다니 어디 말이 되는가."

"그건 설교가 아니라 만담에 지나지 않는다."

≋

찰스 스펄전은 설교를 마치고 강단에서 내려오면 곧바로 개인 기도실로 들어가서 하나님 앞에 엎드려 자신의 설교를 생각하며 반성과 감사의 기도를 드렸다. 그는 사람들의 칭찬과는 달리 언제나 자신의 설교에 대해서는 인색하게 평가했다.

그는 설교만 잘한 것이 아니라 상담에도 뛰어났다. 그와 상담을 하기 위한 성도들이 그의 거처 앞에 늘 줄지어 서 있었다.

"남편이 술주정뱅이에요. 이를 어쩌면 좋아요?"

"사업이 벽에 부딪치게 되었습니다. 좋은 길이 없을까요?"

"자식 놈이 경찰의 손에 잡혀 끌려갔지 뭡니까?"

사람들은 일상생활에서 일어나는 작고 큰 문제들을 가지고 와서 스펄전의 충고와 제안을 듣길 원했다. 물론 그중에는 신앙과 정신적 문제들을 가지고 찾아오는 경우도 많았다.

"제가 지금 겪고 있는 일을 신앙적으로 어떻게 이해하면 좋을까요?"

"딸아이가 교회 출석을 그만두었습니다. 그 아이의 마음을 어떻게 돌이킬 수 없을까요?"

어떤 때는 귀찮을 정도로 많은 사람들이 연이어 찾아들어 후에는 매주 화요일을 상담의 날로 정하기도 했다. 이런 상담은 찰스 스펄전이 목회하는 동안 내내 계속되었다.

그는 성도들 숫자가 8,000명까지 늘어났을 때에도 그들의 이름을 모두 기억했다. 그가 이렇게 할 수 있었던 것은 성도들 하나하나를 마치 잃은 양처럼 보살피고 돌보는 그의 열심 있는 태도에 있었다.

서레이 가든 음악당 참사 사건이 일어난 지 3년쯤 지나자 그를 비난하는 소리들이 점차 사라졌다.

"보라고. 하나님의 일을 방해한 자들의 입은 다 닫히게 마련 아닌가."

"그들은 자기들의 꾀에 자신들이 넘어간 거야."

"맞아. 주께서도 이 세상에 드러나지 않을 일은 없다고 단언하셨거든."

사람들은 하나님이 찰스 스펄전의 편에 서 계시는 것을 확신했다. 예전에 가차 없이 공격의 화살을 쏘아대던 신문들도 태도를 바꾸어 이제는 찰스 스펄전에 대한 호평만 실었다.

찰스 스펄전의 복음운동은 붕괴되어가는 우리 영국사회 안에서 영적이면서도 동시에 도덕적인 무장을 튼튼히 갖추게 했고, 그 위기를 극복할 수 있게 했다. 하나님의 성실성을 부여받아 복음전파 사역에 임한 그가 우리 시대에 없었다면 오늘날 영국사회는 어찌되었겠는가. 여하튼 그와 그가 담임하고 있는 교회가 오늘 우리의 첨병이 되고 있는 것은 분명하다.

찰스 스펄전을 지지하는 이런 분위기는 무엇보다도 찰스 스펄전의 목회와 전도활동을 더욱 광활한 세계로 도약시키는 계기가 되었다. 마침 그때는 서레이 가든 음악당 참사 사건 이후에 건축을 시작했던 교회가 거의 완공되어가는 시기이기도 했다.

1861년, 한 해가 마무리되어 가던 때 교회가 완공되어 예배처를 옮기게 되었다. 찰스 스펄전이 서둘러 새 교회 건물을 세우고자 했던 것은 앞에서도 언급했듯이 음악당 참사의 부담감을 줄이자는 것이 그 직접적인 원인이었지만 직접 자기 손으로 닦은 터에서 일해보고 싶은 마음도 있었다. 이런 계획과 실행을 두고서 비판적인 의문들이 없었던 것은 아니었다.

"지금 스펄전 목사가 계획하고 있는 일이 무모하지는 않을까? 이전에 유명한 장로교 설교자였던 에드워드 어빙이 런던에서 돌풍을 일으키면서 얼마나 거대한 교회를 세웠던가. 하지만 이제 그 모든 것들이 흔적조차 찾아보기 어렵게 되었지 않은가?"

그런데도 다수의 사람들은 스펄전의 뜻을 강력하게 추진해 나가자고 결의했다.

그리하여 템스 강 남쪽 지역에 위치한 뉴잉턴 벗츠에 적당한 교회 부지를 마련해 총 6,000명 이상 수용할 수 있는 건물 설계도가 만들어졌다.

새로 짓게 될 교회는 '메트로폴리탄 태버내클(Tabernacle, 장막)'라고 이름 지었다. 교회 건물은 그리스 건축양식을 따르기로 했는데 신약성경이 대부분 그리스 지역에서 쓰여진 것이라는 친근감 때문이었다.

대충 계산해보아도 필요한 자금이 1만 3천 파운드나 되었다. 물론 이 금액은 새 교회의 문을 열기 전에 다 지불되어야만 했다. 스펄전은 절대로 빚을 지고는 교회를 짓지 않겠다는 생각으로 필요한 자금 가운데 얼마 정도는 자기 노력으로 모아서 충당하겠다는 계획도 세웠다.

그는 그런 사실을 온 교회에 널리 알리면서 교회 건축을 위한 헌금을 요청했다. 집회 초청을 받아 설교를 하게 될 때마다 일부러 많은 사례비를 요청하여 돈을 모으기도 했다. 당시엔 초청 집회를 많이 인도했기 때문에 그렇게 모은 돈이 상당했다.

찰스 스펄전은 어느 교회거나 초청받아 가면, 먼저 다음과 같은 제의부터 했다.

"이번 집회 때의 헌금 절반은 당신네 교회가 쓰고 나머지 절반은 우리 교회 건축 비용으로 사용토록 해주십시오. 어떻게 허락해주시겠습니까?"

그러면 대부분의 교회는 그 요청을 그대로 받아주었다.

"우리도 그런 생각을 하고 있었습니다."

하지만 어떤 교회는 헌금 전액을 돌려주기도 했다. 찰스 스펄전의 충정에 보답하자는 뜻에서였다.

바쁜 일정 때문에 찰스 스펄전은 몸이 지쳐 앓아눕기도 했다. 아무리 열정이 넘쳐도 육체의 힘은 한계가 있었다. 언젠가는 한 달 이상 누워서 지낸 적도 있었다. 하지만 그의 불타는 복음에 대한 열심은 장기간 그를 누워 있게 하지 않았다. 어느 정도 몸이 회복되면 그는 뛰고 또 뛰었다.

드디어 1859년 8월에는 새 교회의 초석이 놓였다. 이 정초식定礎式에는 3,000명가량의 각계 인사들이 참석했고, 식전 예배를 통해 한꺼번에 4,000파운드라는 거액이 헌금으로 모아졌다.

또한 찰스 스펄전이 매주 강단에서 행한 설교가 인쇄물로 제작되어 그 판매 수익이 건축 비용에 충당되기도 했다. 이렇게 제작된 설교문은 영국 안에만 아니라 오스트레일리아, 캐나다, 뉴질랜드 등지에 이르기까지 널리 배포되었고, 독일어, 네덜란드어, 이탈리아어, 프랑스어, 스페인어 등으로 번역되었다. 새 교회 건축은 그렇게 모아진 자금으로 순조롭게 진행되어 갔다.

노예제도를 규탄하다

찰스 스펄전의 활동 지역은 점점 더 넓어져 영국의 웨일즈 지방을 비롯하여 브리스톨과 버밍엄을 거쳐 멀리는 스코틀랜드까지 길고 긴 여행을 하기도 했다. 그러던 중에 그는 역사적인 설교를 하게 되었다.

당시 영국의 식민지 영토로서 오랫동안 지배를 받아 오던 인도에서 대대적인 반란이 일어났는데 이 반란에 대한 국가적인 대책의 하나로써 예배가 계획되어 설교자로 찰스 스펄전이 선임되었다.

국가의 난국을 타개하기 위한 예배는 크리스털궁*에서 열리기로 되어 있었다. 이 예배의 설교자로서 찰스 스펄전이 선임된 것은 당시 영국사회에서 그의 인지도가 어떠했는지를 알 수 있다.

★ 크리스털궁 Crystal Palace 1851년 런던에서 개최된 만국 박람회의 장소가 된 벽과 지붕이 유리로 만들어진 근대 건축물

그는 예배를 드리기 전에 우선 크리스털궁에 가서 현장을 답사했다. 물론 그런 현장답사는 늘 있는 일이 아니었다. 집회가 국가적인 차원에서 치러지는 일이라 차질 없는 진행을 위해서였다. 그의 예상대로 크리스털궁은 대규모의 집회를 하기에는 건물 자체가 적합하지 않았다.

찰스 스펄전은 장내에서 음향이 어느 정도나 크게 울리는지 실험해 보기 위해 성경 구절을 연습용으로 크게 외쳤다.

"보라, 세상 죄를 지고 가는 하나님의 어린양이로다."(요 1:29)

그는 몇 차례나 반복하여 같은 말씀을 외쳤다. 이때, 건물 안의 어디선가 흐느끼는 듯한 소리가 들려왔다. 그것은 분명 울음소리였다.

"오, 주여, 저의 죄를 사하여 주시옵소서. 주여, 용서하소서."

찰스 스펄전은 놀라서 사방을 두리번거렸다. 그러고는 울음소리가 나는 곳을 향해 발걸음을 재촉했다. 그가 찾아간 곳에서는 몇 사람의 인부가 내일 행사를 위해 정비 작업을 하고 있었다. 그런데 이들 가운데 한 사람이 작업을 중단한 채 무릎을 꿇고 눈물을 흘리면서 기도하고 있는 것이었다.

찰스 스펄전을 보자 그 사람은 자리에서 일어나면서 입을 열었다.

"오, 바로 스펄전 목사님이셨군요."

"어떻게 저를 아십니까?"

"한 번도 뵌 적은 없지만 그런 예감이 들었습니다."

"맞습니다. 제가 바로 스펄전 목사입니다. 그런데 무슨 일이 있으십니까?"

"방금 전에 울려오는 성경말씀이 하나님께서 직접 저에게 들려주시는 듯 저의 가슴에 사무쳤습니다. 게다가 몇 번이나 반복하여 들려와 더욱 그런 생각을 하게 하였습니다."

"그래서 무릎을 꿇고서 기도하고 계셨군요."

"분명 하나님께서 허락하신 기회인 것 같습니다."

"어쨌든 감사한 일입니다."

찰스 스펄전은 단지 음향 실험을 위하여 성경구절을 읽었을 뿐인데 마침 같은 건물 안에서 정비 작업을 하던 인부가 그 소리를 하나님의 음성으로 듣고 회개한 것이다. 성령께서 그 말씀을 통해 인부에게 역사하신 일을 통해 찰스 스펄전은 다음 날 집회에도 하나님의 큰 역사하심이 있을 것을 확신할 수 있었다.

다음 날이었다. 국가적 차원에서 드리는 예배였기에 더욱 많은 사람들이 관심을 가지고 참석했다. 사람들이 입장할 때에 입구에서 숫자를 일일이 점검한 결과, 참석자 수가 2만 3천 7백 명이나 되었다. 이 인원은 그때까지 영국 역사상 실내에서 모인 집회 규모로서는 최대였다.

하지만 정작 사람들의 이목을 집중시킨 것은 군중의 숫자가 아니라 찰스 스펄전의 설교 내용이었다.

"나는 분명 영국에서 태어난 영국 사람입니다. 하지만 나는 이번에 식민지인 인도에서 일어난 대대적인 폭동을 보면서 그동안 우리 영국 정부의 처사에 문제가 있다는 것을 발견할 수 있었습니다. 왜냐하면 우리 정부가 그동안 인도인들의 생존을 위하여 훌륭한 정책을 세워 수행했다면 그런 불상사는 결코 일어나지 않았을 것이기 때문입니다. 인도가 아무리 식민지이지만 우리 기독교인들까지 정부의 무력 진압을 두둔하고 나선다면 그것은 오히려 부작용을 낼 뿐입니다. 나는 하나님을 믿는 사람의 양심으로 제의합니다. 영국 정부는 인도에서 일어난 이번 폭동을 진정으로 이해하고 그들의 입장에서 지혜롭게 처신해야 할 것입니다. 그리고 그 동안의 정책을 깊이 반성하십시오. 과감하게 버릴 것은 버리고 보완할 것은 보완하십시오. 만약 우리 정부가 이번 기회에 이런 수정 정책을 펴지 않는다면 하나님께서는 더 이상 인도를 우리의 식민지로서 남겨두지 않으실 것입니다."

찰스 스펄전의 설교는 오히려 영국 정부를 규탄하는 것이었다. 그 자리에는 황실은 물론 정부의 많은 고관대작들이 참석해 있었지만 누구 하나 그 설교에 반기를 들고 나서지 못했다.

이날 예배를 통하여 약 700파운드라는 거금이 헌금으로 모아졌는데, 스펄전은 이 헌금을 인도 사태에서 생겨난 무수한 부상자들을 치료하는 데 사용하자고 제의했다.

한편, 찰스 스펄전의 전도집회는 영국에만 국한되지 않고 대륙으로도 뻗어나갔다. 프랑스 파리와 스위스 제네바 등지에서도 집회가 열렸다. 특히 제네바의 평소 존경하던 존 칼빈의 목회지에서 수많은 성도들에게 말씀을 전한 것은 그에게 무척 감격스러운 일이었다.

그즈음 찰스 스펄전의 설교는 매주 인쇄물로 제작되어 판매금이 예배당 건축 비용으로 충당되었는데 1년이 지나자 52주 동안의 설교가 한데 모아져, 한 권의 설교집으로 만들어졌다. 그 책은 금세 미국으로 보급되었다.

미국교회의 성도들도 그 설교집을 읽고는 크게 감동을 받아 그들 사이에서 곧 진지한 여론이 형성되었다.

"글만 읽는 것으로는 만족할 수 없다."

"그의 설교를 직접 들어보자."

"가능한 대로 빨리 그를 미국으로 초대하자."

이렇게 하여 찰스 스펄전은 미국을 방문하여 집회를 개최해달라는 요청을 받았다.

> 만약 당신이 허락한다면 우리는 가장 웅장하고 넓은 뉴욕 음악당을 장소로 정하겠습니다. 그리고 네 차례의 집회 사례금으로 1만 파운드를 드리겠습니다.

이런 내용의 편지를 받고 찰스 스펄전은 그 요청을 수락했다. 그리고 영국의 신문들도 이를 대대적으로 보도했다. 하지만 뜻밖의 사태로 미국 집회 계획은 그만 수포로 돌아가고 말았다.

그 무렵 남부 캘리포니아에서 도망친 흑인 노예 하나가 영국으로 들어와서는 미국에 거주하는 백인들의 야만적인 비행을 폭로했다. 여기저기 교회의 초청을 받아 돌아다니면서 그는 자기가 체험한 혹독한 곤욕들을 간증 형식으로 털어놓았다.

"미국의 백인들은 야만인이다."

"그런 만행은 인륜을 짓밟는 짓이다."

"언젠가는 천벌을 받고 말 것이다."

이런 여론이 영국사회 안에서 금세 퍼져나갔다.

찰스 스펄전도 곧 그 흑인 노예를 청하여 전 교회가 다 그의 간증을 듣도록 했다. 그의 간증은 소문대로 충격적이었고, 모두 미국의 백인들에 대한 혐오감으로 치를 떨었다.

"우리는 미국의 백인들로부터 가축보다도 더 못한 대접을 받고 있습니다. 우리가 자식을 낳아도 우리의 자식이 아닙니다. 그들이 미처 젖을 떼기도 전에 백인들은 그 아이들을 억지로 빼앗아 노예시장에 끌고 가서는 악질적인 백인 농장주들의 손에 짐승 새끼처럼 팝니다. 그것은 분명 하나님이 당신의 형상을 쫓아 만든 인격체인 사람을 무시하는 것이기에 하나님을 무시하는 것이 됩니다. 하나님은 결코 이런 백인들의 만행을 그냥 방관하지는 않으실 것입니다.

우리 불쌍한 흑인 노예들을 위해 기도해주십시오. 지금도 나의 동족들은 백인들의 비인간적인 만행 앞에 떨고 있습니다. 그들에게 하나님의 가호가 있기를 간절히 바라는 마음으로 간증을 마치려고 합니다."

스펄전 역시 가끔 미국의 노예 이야기를 듣기는 했지만 막상 도망쳐 나온 흑인으로부터 직접 그 참상을 듣고 나서는 경악을 금치 못했다.

'이 땅에서 건너간 청교도들이 세운 나라인 미국에서 그런 악랄한

행위가 자행되다니 어처구니없는 일이야.'

찰스 스펄전은 흑인 노예로부터 직접 간증을 들은 후 가는 곳마다 서슴지 않고 미국을 향해 비난의 화살을 쏘기 시작했다. 한 개인이 미국이라는 나라를 향하여 도전을 감행한 것이었다.

그의 미국을 비난하는 설교는 매주 인쇄물로 제작되어 널리 배포되었고, 그 설교문은 곧 미국 전역에까지 전해졌다. 그러자 미국은 스펄전이 한낱 개인의 자격으로 미국 정부 차원의 일을 비난하고 나서는 것에 대하여 반발했다.

"찰스 스펄전은 우리 미국 내의 문제를 왜 간섭하려 드는가."

"노예제도에 대한 우리의 명분을 결코 훼손시키지 말라."

"그대는 우리 미국을 비난했던 입장을 확실하게 밝히라."

이런 미국의 반응에 스펄전은 자기의 소신을 밝히는 글을 써서 미국에서 가장 큰 신문사에 보냈다. 찰스 스펄전의 이 글은 신문을 통하여 미국 전 지역에 뿌려졌다. 이미 그의 설교를 통하여 그의 명성을 어느 정도 알고 있는 미국의 시민들은 그의 노예제도에 관한 의견에 관심을 쏟았다. 그 내용은 다음과 같았다.

나는 하나님을 믿는 한 사람의 성도로서 귀국의 노예제도에 대하여 통분痛憤을 금할 수가 없습니다. 그리고 목회자로서 지금까지 여러 계층의 많은 사람들과 더불어 주님의 만찬을 나누어왔습니다만, 노예 제도를 정당화하고 있는 사람들과는 외관상으로 아무리 같은 기독교인이라 하더라도 결코 형제애를 가질 수가 없습니다. 노예제도는 하나님이 가장 싫어하시는, 마땅히 없어져야 할 폐습입니다. 그것은 하나님 앞에 큰 죄악입니다. 나는 많은 사람들 앞에 노예제도의 부당성을 고발하는 것이 나의 의무라고 생각하게 되었습니다. 하나님의 형상으로 지음받은 존귀한 인간을 마치 짐승처럼 학대하면서 매매하는 이들을 나의 교회로 받아들이는 것보다 차라리 살인자들을 받아들이는 것이 더 낫다고 여기고 있습니다. 미국 시민들이여, 깊이 자성하십시오.

노예제도를 강력하게 반대하는 이 글은 특히 미국 남부지방의 노예주들의 심한 반발을 샀다.

"찰스 스펄전의 글을 다 불 태우라."

"다시는 그의 설교문을 반입하지 말라."

"미국 집회도 즉시 중단시켜라."

미국 남부 전역에서는 연일 그를 반대한다는 시위가 벌어졌고 더러는 찰스 스펄전의 허수아비를 만들어 불사르기도 했다. 그간 미국사회 안에 전해졌던 그의 이미지가 순식간에 무너져버렸다.

이 일로 찰스 스펄전의 뉴욕 음악당 집회 계획은 무산되고 말았다. 미국에서 팔렸던 설교문 판매 수익도 눈에 띄게 줄었다. 그러나 그는 노예제도에 대한 비난을 조금도 늦추려 하지 않았다.

메트로폴리탄 교회가 세워지다

한편 이 일로 찰스 스펄전의 신상에 어느 정도 타격을 받았음에도 '메트로폴리탄 태버내클'이라고 명명된 새 교회 건축 공사는 차질 없이 꾸준히 진행되었다. 이 공사는 본 교회 집사들 가운데 하나인 윌리엄 힉스 씨가 맡은 것이었는데 교회 윤곽이 어느 정도 드러났을 때에는 그의 뛰어난 건축 재능에 사람들은 칭찬을 아끼지 않았다. 처음에 계획한 전체 건축 비용은 1만 3천 파운드였다. 그러나 거의 마무리 단계에 들어서서 계산해보니 예상보다 훨씬 초과하여 3만 1천 파운드가 넘었다.

드디어 새 교회가 완공되었고, 그곳에서 첫 예배가 드려졌다. 그날은 1861년 3월 31일 주일이었고, 찰스 스펄전이 27세 되던 해였다. 그에게는 생애 가장 감격스러운 날이었다. 젊은 나이에 손수 자신의 지시 아래 새로운, 그것도 영국 안에서 비국교도의 것으로서는 가장 거대한 교회가 세워진 것이었다.

설교단은 따로 있지 않고, 단지 원탁형 연단이 설교자용으로 세워져 있었다. 물론 그것은 찰스 스펄전이 직접 고안해 낸 것이었다. 또 연단 뒤로는 예배 집전에 참여할 집사들의 의자가 나란히 놓여 있었고, 연단 아래쪽에는 침례를 위한 커다란 물통이 만들어져 있었다. 그런 예배당 의 모습은 이제까지 보지 못한 매우 독특한 양식이었다.

새로 신축된 교회는 다른 교회들과는 다른 몇 가지의 특징이 있었 다. 연주를 위한 오르간과 성가대가 없다는 것이 그 첫 번째 특징이었 다. 예배 시간이 되면 선창자가 앞으로 나와서 소리굽쇠를 울리면서 찬 송을 인도했다. 그러면 모든 회중이 함께 소리 높여 찬송을 따라 불렀 다. 오르간을 없애고 성가대를 따로 두지 않았던 것은 예배에 참여한 많은 성도들로 하여금 서로 노력하여 일체감을 갖도록 하기 위함이 었다.

또한 헌금함이나 헌금 시간이 따로 없었다. 대신 예배에 참여하는 성도들이 3개월 간격으로 일정액을 내고서 좌석을 배정받은 다음, 입 장표를 지니고 교회 안으로 들어갔다. 이것이 교회의 주요 수입원이 되 었다.

그리고 찰스 스펄전이 교회로부터 사례금을 받지 않았던 것도 다른 교회에서는 찾아볼 수 없는 특징이었다. 그는 자기의 설교문과 설교집 판매에 의한 수익금 일부를 가지고 생활비로 사용하였고, 교회에서 주 는 급료는 처음부터 받지 않았다.

그는 입당예배 때에 다음과 같이 설교했다.

"나는 내 자신이 칼빈주의자라고 일컬어지는 일에 대하여 조금도 부

끄러움을 느끼지 않습니다. 또 나는 어디까지나 침례교인이라는 점도
숨기고 싶지 않습니다. 하지만 누가 나에게 나의 신조가 무엇이냐고 묻
는다면 나는 결단코 칼빈주의자라거나 침례교회의 교리를 따르고
있는 자라고 대답하지 않겠습니다. 왜냐하면 내 신앙의 대상은 오직
예수 그리스도이기 때문입니다. 예수 그리스도야말로 복음의 본질
이요, 진리의 총체이며 모든 바른 신학과 교리 그 자체이시기 때문입니
다."

어쨌든 메트로폴리탄 교회가 세워진 것은 찰스 스펄전에게 있어서
목회의 중심지가 견고하게 세워진 것이나 다름없는 일이었다.

이곳은 그가 하나님의 부르심을 받고서 천국으로 옮겨갈 때까지 설
교의 중심지였을 뿐만 아니라 복음전파의 중심지가 되었다.

한편 메트로폴리탄 교회가 견고하게 자리 잡고 나서부터 찰스 스펄
전은 목회와 전도활동에만 그친 것이 아니라 그 밖의 다른 사업들도
펼쳐나갔다.

어느 날이었다. 토마스 메더스트라는 한 젊은이가 찰스 스펄전을 찾
아왔다. 그는 런던에 왔던 첫해에 스펄전의 설교를 듣고서 거듭나는
체험을 한 젊은이였다.

"스펄전 목사님."

"오, 메더스트 군. 어쩐 일입니까?"

"목사님께 드릴 말씀이 있어서 이렇게 찾아뵙게 되었습니다."

"무슨 일인지?"

자리를 잡고 나자 젊은이는 자기의 생각을 하나하나 설명해나갔다.

"저는 목사님의 설교를 듣고 변화를 받고, 한 빈민가에 찾아가 몇 번이나 전도 설교를 시도해보았습니다."

"그래 성과가 어떠했습니까?"

"처음에는 대체로 냉담한 반응들이었습니다. 그러나 두 번째 찾아갔을 때에는 놀랍게도 두 사람이나 회개하고서 예수님을 영접했지 뭡니까?"

"정말 놀라운 일이었군요."

"저로선 정말 상상조차 하기 어려운 일이었죠."

"그래 그 후로도 전도 설교를 계속했습니까?"

"물론입니다. 목사님."

젊은이는 계속해서 말을 이었다.

"그러다가 한 가지 떠오르는 생각이 있었습니다."

"무슨 생각이었습니까?"

"기왕 전도 설교를 하려면 스펄전 목사님을 찾아뵙고 조언을 듣는 것이 좋겠다는 생각이 들었습니다."

"그러니까 나에게 전도 설교 방법을 배우고 싶다는 말씀이시죠."

"그렇습니다, 목사님."

토마스 메더스트 역시 당시의 많은 젊은이들이 그러했듯이 정규 교육을 받지 못한 젊은이였다. 하지만 그에게는 전도에 대한 열정이 있었고 타고난 웅변력도 있었다.

"그럼 한번 시도해보기로 하죠. 아주 좋은 생각입니다."

"목사님, 감사합니다. 잘 부탁드립니다."

이렇게 하여 그 젊은이는 일주일에 한 차례씩 찰스 스펄전을 방문하여 기본적인 신학과 목회 수업, 설교 방법 등을 익히기 시작했다.

이런 소문은 금세 전해져 평소 신앙의 열정이 있던 다른 젊은이들이 하나둘 모여들기 시작했다. 그것은 아주 좋은 배움의 기회였기 때문이었다. 이렇게 훈련받은 이들 가운데는 조지 로저스라는 보기 드문 인재도 있었다.

결국 찰스 스펄전은 '패스터즈 칼리지Pastor's College'라는 교육기관을 정식으로 설립하게 되었다. 그 명칭은 '목회자를 위한 신학원'이라는 의미였다. 교장직은 조지 로저스에게 맡겨 운영토록 했다. 처음 신학원을 발족시키고 한 해 동안은 조지 로저스의 개인 집에서 8명의 학생들이 함께 기숙하면서 수업을 받았다. 그러다가 학생들의 숫자가 늘어나자 장소를 예전 뉴 파크 스트리트 교회로 옮기게 되었다.

이 신학원의 설립과 운영 목적은 다른 학교들처럼 우수한 학자들을 배출하는 데 있지 않고 수많은 영혼을 구원할 만한 유능한 설교자와 정열적인 전도자를 길러내는 데 있었다. 패스터즈 칼리지의 수업 연한은 2년이었다.

찰스 스펄전은 설교문과 설교집 판매금 일부를 학교 운영비로 사용하기도 했다. 그래서 가난한 학생들은 수업료만 아니라 기숙사까지 무료였고 심지어는 옷과 책과 용돈까지 제공하기도 했다.

그럼에도 불구하고 패스터즈 칼리지에는 나름대로 단점이 있었다.

"시험도 없고 졸업식도 없다며?"

"그렇다면 당연히 학위 수여식도 없겠네."

"그리고 다른 학교에 비하면 학과들도 형편없대."

패스터즈 칼리지는 복음전파 사역의 일꾼을 키워내는 곳으로는 적합했지만 체계적인 신학교에 비하면 부족한 점이 많았다. 그렇지만 원래 학교 설립 당시부터 형식을 갖춘 학교교육보다는 설교자와 전도자를 육성해내자는 의도에서 출발했기 때문에 그리 큰 문제가 되지 않았다.

게다가 복음을 전하는 일에 필요한 영성훈련과 전도훈련을 쌓는데는 안성맞춤이었기에 그런 단점들을 보완할 수 있었다. 찰스 스펄전의 학생들 하나하나에 대한 각별한 보살핌 또한 학생들로 하여금 바른 전도자의 길을 걷도록 했다.

어느 수업 시간에 학생 하나가 낡고 허름한 옷을 걸치고 수업을 받고 있었다. 이 학생을 보고 찰스 스펄전은 편지 한 통을 쓴 다음, 그 학생을 불렀다.

"자네, 내 심부름 하나 해주겠나?"

"무슨 심부름입니까?"

"이 편지를 봉투에 적힌 주소로 전해주고 오면 좋겠어. 그리고 바로 그 자리에서 답장을 받아오는 일도 잊지 말게나."

"예, 알겠습니다. 목사님."

학생이 주소를 보고 달려간 곳은 어느 양복점이었다. 주인은 전해준 편지를 읽어보고는 양복 한 벌을 골라 학생에게 입혀주었다. 학생은 어리둥절해 하며 주인에게 물었다.

"아니, 아저씨 왜 제게 양복을 입히시는 거죠?"

"이 편지에 그렇게 하라고 써 있으니까. 나는 편지 내용대로 한 것뿐이네."

"그럼 우리 목사님께서 저에게 양복을 사주시기 위해…."

"아마도 그런 것 같네. 잘 입게나."

찰스 스펄전의 행동은 사랑의 산교육이었다. 그런 사랑과 관심은 학생들에게 좋은 본보기가 되었다.

몇 년쯤 지나서 패스터즈 칼리지는 뉴 파크 스트리트 교회에서 메트로폴리탄 교회로 옮겨졌다. 그때는 학생들의 숫자도 200명이 넘었다. 그렇게 배출해낸 이 신학원 출신들의 활동은 각처에서 눈부셨다. 1866년 한 해 동안 패스터즈 칼리지 출신들이 런던 시내 안에 개척하여 세운 교회만 해도 18곳이나 되었다. 이들 교회는 영향력을 미치는 교회들로 발전했다. 어떤 신학원생은 처음에 18명밖에 안 되는 교회를 맡게 되었지만 몇 년 후에는 800명이 넘는 성도들에게 세례를 베풀게 되기도 했다.

패스터즈 칼리지 출신들은 누구에게나 성령으로 거듭난 뚜렷한 증거가 드러나야만 세례를 베풀어주는 것을 원칙으로 삼았다. 그것은 찰스 스펄전의 방식이기도 했다.

1865년에 찰스 스펄전은 또 하나의 사업을 시작했다. 월간지 《검과 삽The Sword and the Trowel》을 발간한 것이었다. 그 월간지 제목 아래에는 '죄와의 투쟁과 주님을 위한 사역'이라는 부제가 적혀 있었다.

그는 창간호에서 월간지 발행의 취지를 다음과 같이 밝혔다.

> 우리가 이 월간지를 내기로 한 목적은 메트로폴리탄 교회의 활동을 알리고 다른 공동체들과의 교류의 장을 마련코자 함에 있다. 이런 일을 통하여 하나님께 영광을 드리고자 하는 데에도 그 목적이 있다. 우리에게는 분명히 확신하는 바가 있고 그 확신을 널리 드러내고 싶다. 어떤 정돈된 문장을 꾸며내자는 것이 아니라 그리스도의 놀라운 사랑을 그대로 발현시키자는 것이 이 월간지의 취지이다. 우리는 이를 위하여 밖으로는 검을 들고서 외부의 적들을 대적할 것이며 안으로는 삽을 들고서 황폐된 예루살렘 성벽을 다시 수축하는 일에 혼신의 힘을 기울일 것이다. 뜻을 같이하는 이들의 적극적인 성원을 바라 마지않는다.

찰스 스펄전은 이 월간지를 통하여 성경의 바른 진리와 성령의 바른 역사를 끊임없이 피력했다. 또 그 안에는 각 종교계의 상황과 각 교파들의 활동, 그리고 해외에서 사역하는 선교사들의 동향과 서평들을 싣기도 했다. 그 밖에 청교도 지도자들 중에 역량 있는 인물들의 생애를 다루기도 했다.

이 월간지는 꾸준히 발행되었다. 그러다가 뜻밖에 논쟁에 말려들어 한차례 곤욕을 겪기도 했다. 그는 《검과 삽》에 세례와 거듭남에 대한 자기의 지론을 몇 번이나 계속하여 실었는데, 그것이 유아세례라는 신학적 문제와 맞물려 논쟁의 불씨가 된 것이었다.

세례와 거듭남에 대한 그의 논지는 다음과 같았다.

116

영국국교회는 가톨릭교회의 교리적 전통을 그대로 계승하여, 거듭남을 의미하는 세례에 있어 소위 유아세례까지 인정함으로써 복음적 진리의 명분을 크게 훼손시키고 있다. 유아세례를 세례로 인정하는 것은 행위에 의한 구원의 근거가 되는지는 몰라도 믿음에 의한 구원의 진리와는 아무런 상관이 없다는 점을 알아야 한다. 왜냐하면 유아들은 결단코 거듭남과 구원에 상당한 믿음을 가질 수가 없기 때문이다. 그런데도 불구하고 국교회 역시 가톨릭교회와 다름없이 유아들에게 물을 뿌려 주는 세례의식을 행하고 있고 그것을 가리켜 그 아이로 거듭나게 만드는 것이라고 가르치고 있다.

그러나 그것은 잘못된 생각이고 비非복음적이다. 그들은 이 아이가 거듭났다고 주장하면서도 훗날 이 아이가 장성하여 성인이 되면 또다시 구원을 받아야 한다고 주장함으로써 스스로 자가당착을 드러내고 있다. 진리에 일관성이 없다면 어찌 그것을 가리켜 참된 진리라고 말할 수 있겠는가.

찰스 스펄전이 주장한 것은 한마디로 말해 성령으로 확실히 거듭난 사람만 세례를 받을 수 있고, 그 밖의 사람이 세례를 받는 것은 전혀 의미가 없다는 것이었다. 물론 그것은 논리적으로 생각할 때 전혀 근거 없는 말이 되지는 않는다.

그러나 그의 이런 주장은 하나님께서 손수 행하시는 섭리의 손길을 합리적으로만 이해하려는 오류를 범할 수밖에 없었다.

"그는 건방진 사람이다."

"그는 신앙적 신의를 저버렸다."

"독선적인 사람이다."

결국 이 일로 그는 주변의 훌륭한 친구들을 잃게 되었다.

고아들의 아빠

찰스 스펄전은 다른 문서전도 운동기구의 하나로서 '컬포쳐스 협회colporteurs society'라는 조직을 만들어 움직이기도 했다. '컬포쳐스colporteurs'란 종교개혁 시대부터 각처를 돌아다니면서 전도책자를 나누어주는 한편 성경을 팔던 사람들을 가리키는 말이었는데 스펄전은 그런 의미를 생각하며 문서전도 운동기구에 이 명칭을 붙였다.

그가 이런 문서 운동기구를 만들겠다는 의견을 내자 그 뜻에 찬성하는 이들이 전도책자와 성경을 사들이기에 충분한 자금을 제공했다. 이 활동에 직접 몸으로 뛰어들어 봉사하겠다는 이들도 나섰다. 이렇게 시작된 컬포쳐스 협회의 활동과 성과는 대단했다. 이들은 전도책자를 나누어주고 성경을 팔러 다니는 것뿐만 아니라 봉사활동까지 훌륭히 해냈다.

각처로 전도하러 다니면서 주민들의 애환을 들어주고 병자들을 돌보며, 소규모 전도집회를 개최하고, 금주회를 조직하여 절제운동을 펼치는 등 폭넓은 활동을 했다.

무엇보다도 그동안 복음이 전해지지 못한 낙후된 시골 구석구석까지 전도책자와 성경이 전해질 수 있었다는 것이 이 기구의 큰 성과였다.

～

찰스 스펄전은 바쁜 일정 속에서 대륙선교에도 관심을 가졌다. 1865년에 이탈리아에 건너가서 그곳 침례교인들을 위하여 집회를 인도했고, 1867년에는 독일을 방문하여 거대한 집회를 인도하기도 했다.

메트로폴리탄 교회는 날이 갈수록 성도 수가 늘어났고 패스터즈 칼리지 출신들의 활약 또한 사람들의 찬사를 모았으며, 인쇄된 설교문과 《검과 삽》의 주문이 쇄도했고, 컬포쳐들의 활동도 좋은 성과로 인하여 많은 이들의 주목을 받았다.

하지만 그런 성과들 이면에는 희생이 따르기 마련이었다. 많은 일들을 벌이고 진행시키다 보니 찰스 스펄전은 34세의 나이에 과로로 쓰러지게 되었다. 그는 이 무렵부터 팔과 다리에 류머티즘 증세가 나타나기 시작했다.

그런 중에도 찰스 스펄전은 계속하여 고아원을 설립하는 등 쉬지 않고 계획을 진행시켜 나갔다. 그는 살아 있는 한 하나님의 기뻐하시는 일을 해야 된다는 신념으로 평생을 살았다.

그가 고아원을 설립한 동기는 당시 한 신문의 기사를 보고서였다. 런던 시내에만 해도 10만 명이 넘는 빈민층 아이들이 거리를 배회하고 있고, 이들이 각처에서 비행을 저질러 감옥에 끌려가거나 거리에서 죽기까지 한다는 기사였다.

> 집 없는 아이들은 거리 한편에서 고약한 냄새가 나는 낡은 넝마자락을 겨우 몸에 두른 채 밤을 지새우고 있다. 이들은 마치 돼지처럼 날마다 시장 쓰레기 더미에 모여들어 버려진 음식 찌꺼기를 추려 먹으며 생명을 연명하고 있는 실정이다.

이 같은 언론의 보도는 스펄전의 마음을 매우 아프게 했다. 1867년 여름, 어느 주일 예배 시간에 그는 다음과 같은 설교를 했다.

"사랑하는 형제 여러분, 우리 교회는 영국 안에서 찾아보기 어려운 큰 교회입니다. 우리 교회가 이만큼 커졌다는 것은 하나님을 위해서 보다 더 많은 일을 하라는 주님의 배려일 것입니다. 나는 오늘부터 주님께 우리에게 새로운 일을 맡겨달라고 기도할 것입니다. 그에 따른 돈이 필요하다면 그것까지도 하나님이 허락해주실 것입니다."

그런 설교를 한 후 얼마쯤 지나서 낯모를 한 여인의 방문을 받게 되었다.

"누구십니까?"

"전 힐야드라고 합니다. 스펄전 목사님이신가요?"

"맞습니다. 제가 찰스 스펄전입니다. 그런데 무슨 일로?"

"제가 잘 찾아왔군요. 사실은…."

들고 보니 그녀는 영국국교회의 한 성직자의 미망인이었다.

"오, 그러시군요. 그런데 무슨 일로?"

"의논드릴 일이 있어서 찾아뵙게 되었습니다. 목사님께서 만약 런던 안에 있는 고아들을 위하여 특별한 사업을 수행하시겠다면 그 고아원을 위해서 2만 파운드의 돈을 내어놓겠습니다."

"네?"

"놀라실 것 없습니다. 오래 생각했고 늘 하고 싶었던 일이니까요."

그녀는 그런 일을 결정하고는 자기의 가장 가까운 친구에게 그런 일을 할 만한 사람을 소개해달라고 부탁했다. 그렇게 추천받은 사람이 바로 찰스 스펄전이었다.

"그래서 오늘 당신이 나를 찾아오셨군요."

"맞습니다. 그 친구가 스펄전 목사님을 자신 있게 추천해주었습니다."

힐야드 부인의 말을 듣고 난 스펄전은 신실하신 하나님의 기도 응답에 감격했다. 그의 기도가 이처럼 신속히 이루어지리라고는 미처 생각지 못했기 때문이었다.

"그런데 부인…."

"네, 스펄전 목사님."

"방금 전에 2만 파운드를 내어놓겠다고 하셨는데 혹시 제가 금액을 잘못 들은 것은 아닌지요?"

"아닙니다. 목사님."

"그렇게 큰돈을 정말 내어놓으실 수 있으신가요?"

"제가 2만 파운드를 꼭 내놓겠습니다."

부인의 확실한 의사 표현에도 찰스는 다시 확인했다. 워낙 액수가 커서 전후 사정을 알아보기 전에는 그 돈을 받을 수가 없었다.

"제 생각엔 그 돈을 고아원 사업에 내놓는 일도 좋지만 가족에게 유산으로 물려주어도 좋겠다는 생각이 드는데요."

"우리 가족 중에서 현재 이 유산을 물려받지 않으면 굶어 죽을 사람은 하나도 없습니다. 하지만 지금 런던의 거리에는 불쌍한 고아들이 얼마나 많습니까? 게다가 이들을 돌볼 사람이나 단체는 별로 없는 형편이고 말입니다."

"그럼 한 가지 더 묻고 싶습니다. 현재 브리스톨 지방에서 조지 뮬러 씨가 고아원을 세워 훌륭하게 운영하고 있지 않습니까? 그곳에 돈을 보내면 더욱 보탬이 되지 않을까요. 부인 생각은 어떠신지요?"

힐야드 부인의 태도는 단호했다.

"물론 좋은 말씀입니다. 그러나 브리스톨에 고아원이 있어도 이곳 런던에 있는 고아들에게까지는 그 손길이 미치지 못하고 있지 않습니까. 그러니 이 돈을 런던에 사는 고아들을 위해 써주십시오."

당시 런던에는 고아들을 위해 국가에서 주관하는 기관이 있었지만 그 기관들이 수많은 고아들의 필요를 다 채워주지 못했고, 그저 보호 차원에서 아이들을 막사 같은 곳에 제복을 입혀 수용시켜 놓을 뿐이었다.

결국 찰스 스펄전은 힐야드 부인의 요청을 받아들였다.

"부인의 고마운 마음을 받아들여 고아원을 잘 운영해보겠습니다."

"감사합니다."

스펄전은 힐야드 부인으로부터 거금을 받아 메트로폴리탄 교회에서 그리 멀지 않은 스톡웰 지역에 고아원 설립 부지로 사용할 땅을 사들였다. 그는 필요한 부지까지 마련해놓고 나서 비로소 메트로폴리탄 교회의 성도들에게 이 사실을 알렸다.

"사랑하는 형제 여러분, 나는 얼마 전에 우리 교회가 하나님을 위해서 더 많은 일을 해야하겠다는 말씀을 드렸고, 이를 위해서 하나님께 새로운 일을 맡겨주실 것과 필요한 돈까지도 마련해달라는 기도를 드리겠다고 선언한 바가 있습니다. 하나님께서는 놀랍게도 이 기도를 신속하게 들어주셨습니다. 신실한 신앙을 가진 낯모르는 한 미망인에게서 거금을 받아 고아원 설립 부지를 마련하게 된 것입니다. 그 땅을 구입하면서 나는 이제 고아원을 세워 이 지역에 살고 있는 고아들에게 구제의 손길을 펼쳐야겠다고 생각했습니다. 자, 이런 때에 우리 교회도 협력해야 되지 않겠습니까? 아무쪼록 여러분도 이 일을 위해 기도해 주시고 많은 동참을 바랍니다."

찰스 스펄전의 진심어린 설교를 듣고 나서 감동을 받은 교인들이 정성껏 헌금하기 시작했다. 교인들은 적은 금액에서 많은 금액에 이르기까지 자신들의 분량대로 헌금을 했다. 500파운드나 되는 큰돈을 바친 사람도 있었고, 어떤 이는 600파운드를 바치기도 했다. 어느 날에는 외부에서 익명으로 1,000파운드라는 거액의 돈이 들어오기도 했다. 이런 일들을 통해서 찰스 스펄전은 하나님이 각 사람들의 마음을 움직이고 계시다는 것을 확신하게 되었고, 하나님께 대한 감사의 마음이 더욱 충만해졌다. 고아원 설립 과정에서 하나님의 세밀한 인도하심을 경험한 찰스는 남다른 사명감과 열심을 가지고 그 일에 몰두했다.

고아원 공사가 착수되기 전에도 많은 후원자와 기부자들이 있었지만 그 후로 더 많은 헌금이 들어왔다. 어떤 부인은 결혼 30주년 기념으로 남편에게서 받은 500파운드를 몽땅 바쳤다. 스펄전은 그 돈으로 중요한 건물 한 동을 세우고 '결혼 기념 집'이라는 이름을 붙였다. 또 어떤 기업인이 희사한 돈으로 지은 건물은 '기업인의 집'이라고 이름 붙였고, 건축인 윌리엄 힉스와 그의 일꾼들이 지어 기증한 건물에는 '일꾼들의 집'이라는 이름을 붙여주었다. 또, 영국 전역의 침례교회가 모은 기금으로 마련된 건물에는 '감사의 집', 메트로폴리탄 교회 주일학교가 세운 건물에는 '주일학교의 집', 패스터즈 칼리지 학생들이 세운 건물에는 '신학원의 집'이라는 이름이 붙여졌다.

이런 건물들이 다 지어진 다음에는 예배실과 진료를 위한 사설병원 건물이 세워졌으며 그밖에 놀이터를 겸한 체육관이 세워졌다. 고아들의 위생과 청결을 위한 목욕탕과 건강을 위한 수영장도 만들었다. 이는 당시 보통 고아원에서는 상상조차 하기 어려운 시설들이었다.

찰스 스펄전은 모든 시설을 갖추고 나서 원장의 일을 누구에게 맡길 것인가를 고심했다. 그러다가 회중교회 측의 목사인 버넌 찰스워즈를 찾아갔다.

"제가 당신을 찾아온 것은 다름이 아니라 새로 세운 고아원 운영을 맡아주셨으면 해서입니다."

"전 침례교회 목사가 아니라 회중교회 목사인데 어떻게 그런 일을 할 수 있겠습니까?"

"만약 제가 교파를 따졌다면 여기까지 당신을 찾아오지도 않았을 것입니다. 하나님의 사업을 위하여 함께 수고하는 데 교파가 무슨 의미가 있겠습니까? 저는 당신의 성실성을 보고 이런 요청을 드리는 것입니다."

"…."

"당신도 조지 로저스를 잘 알고 계시죠? 그도 침례교회 신자가 아니라 당신처럼 회중교회 신자입니다. 하지만 그가 오늘까지 패스터즈 칼리지의 교장을 맡아 얼마나 잘 수행하고 있습니까. 그러니 내 요청을 물리치지 마십시오. 제가 생각하기에는 당신보다 적임자는 없습니다."

"저에겐 너무 과분한 일이지만 스펄전 목사님의 말씀을 따르겠습니다. 아무쪼록 잘 지도해주십시오."

"감사합니다. 한번 잘해봅시다."

이렇게 하여 버넌 찰스워즈 목사가 고아원 원장을 맡게 되었다. 예상대로 고아원을 이끌어가는 그의 수완은 탁월했다. 고아원의 모든 일은 조금도 차질 없이 진행되어 갔다. 그의 고아들에 대한 정성과 사랑은 더욱 고아원의 분위기를 좋게 했다.

고아들은 피부색이나 종교의 차이에 아무런 차별없이 받아들여졌다.

찰스 스펄전은 고아원에 자주 들렀다. 그가 그곳에 들를 때마다 아이들이 그에게 우루루 달려들었다. 아이들은 너도나도 먼저 스펄전에게 안기려고 아우성이었다. 스펄전은 그런 아이들의 모습을 보면서 뿌듯해하기도 하고 한편으로는 사랑에 메말라 있는 아이들의 모습에 눈시울이 뜨거워지기도 했다.

"목사님 아빠."

"목사님, 전 목사님이 좋아요."

"나도 입 맞추고 싶어요."

그는 아이들의 사랑스럽고 천진한 모습을 보며 행복감에 빠져 시간 가는 줄 몰랐다. 얼마쯤 지나서 그는 이 아이들의 이름을 다 외울 수 있었다. 이런 일은 그가 자기 교회의 성도들을 대하는 것과 마찬가지로 한 아이의 인격과 영혼을 얼마나 아끼고 사랑하는지를 증명해주는 것이었다.

병고의 십자가

찰스 스펄전이 스톡웰 지역에 세운 고아원은 잘 운영되었다. 그것은 결코 예수 그리스도의 마음을 가지지 않고는 할 수 없는 일이었다. 시간이 갈수록 그의 일은 더욱 많아졌고 그의 육체는 그 모든 일을 감당하기에는 매우 지쳐 있었다.

고아원 운영에서부터 6,000명이 넘는 성도들을 돌보는 일, 수많은 집회를 인도하는 일, 패스터즈 칼리지를 이끄는 일, 전도, 성도들과의 상담, 매주 열리는 여러 차례 결혼식 주례와 장례예배 인도, 신학원 출신들의 자문활동과 많은 편지에 일일이 답장을 써 보내는 일에 이르기까지 정말 바쁜 나날을 보냈다.

이 때문에 찰스 스펄전의 건강이 극도로 나빠졌다. 평소에도 늘 건강 문제로 기도해왔지만 갈수록 더 바빠지자 이제는 누구에게도 숨길 수 없을 정도였다. 이런 사정을 감안한 메트로폴리탄 교회의 장로와 집사들은 입을 모아 목사님의 건강에 대해 진지한 의논을 했다.

"이런 식으로 나가면 안 되겠습니다."

"스펄전 목사님이 더 이상 버티지 못하고 갑자기 쓰러지면 어떡합니까?"

"큰 불행을 예방해야 합니다."

"가장 좋은 방법은 하루 빨리 협동목사를 모셔와 일을 나누어 맡도록 하는 것입니다."

"그게 좋을 것 같군요."

"그럼 이 일을 서둘러 추진합시다."

"물론입니다. 지체하지 맙시다."

곧 교회 대표 몇 명이 찰스 스펄전을 방문했다.

"스펄전 목사님."

"웬일이십니까?"

"저, 드릴 말씀이 있어서…."

"…?"

"목사님께서는 현재 한 주간에 열 번이나 설교를 하고 계신데 만약 앞으로도 이대로 설교하신다면 목사님의 건강에 무리가 올 것입니다."

"그래서요?"

"목사님은 지금 너무나 많은 일에 시달리고 계십니다."

찰스 스펄전은 묵묵히 대표들의 말을 듣고 대답했다.

"하나님이 나에게 허락하신 일이니 감당할 수밖에 없지 않습니까? 너무 염려하지 마십시오. 나는 이미 주님을 위해 나의 생명을 내놓았으니까요."

이렇게 말하는 찰스 스펄전의 숙연한 모습에 대표들은 더 이상 아무 말도 하지 못했다. 죽기를 각오하고 뛰어드는 사람 앞에서 무슨 방법으로 그 열정을 막을 수 있겠는가. 언젠가 스펄전은 일기에 다음과 같은 말을 적어 놓은 적이 있었다. 그것은 찰스의 강한 의지를 나타낸 것이었다.

젊은 그대여, 강직한 신앙을 가지고서 육체의 병약함을 이겨내라. 그리고 가능한 대로 일하라. 그러면 마지막 날에 절대로 후회하지 않게 될 것이다.

찰스 스펄전과 교회 대표들 사이에는 침묵이 흘렀다. 찰스의 강한 의지 앞에 교회 대표들은 잠시 할 말을 잃었다. 그러나 순순히 물러설 수가 없었다. 현실적인 문제를 감안할 때 무슨 방법을 쓰지 않는다면 그가 언제 건강을 잃게 될지 알 수 없는 일이었다.

잠시 후에 한 대표가 침묵을 깨고 다시 입을 열었다.

"잘 알아들었습니다만 목사님. 그러나 목사님의 각오가 어떠하더라도 우리는 현실적인 문제를 외면할 수가 없습니다."

"현실적인 문제라는 게 무엇입니까?

"이런 식으로 목사님께서 계속 격무에 시달리다가 어느 날 쓰러져 다시 일어나지 못하게 되면 우리 교회가 어찌되겠습니까?"

"그런 일을 대비하여 우리는 미리 그 대안을 마련하지 않을 수 없습니다."

"대안이라뇨?"

"협동목사를 모셔와 목사님의 짐을 좀 덜면 어떻겠습니까?"

"…."

협동목사를 모시자는 말에 찰스 스펄전은 잠시 생각에 잠겼다.

이윽고 조용히 입을 열었다.

"저를 그렇게 생각해주시니 정말 고맙습니다. 그 문제는 중요한 일이니 제게 좀 더 생각할 시간을 주십시오. 적당한 시기에 답을 드리겠습니다."

"알겠습니다. 목사님."

며칠 후 찰스 스펄전은 교회 대표들을 불러서 의견을 말했다.

"많이 생각해보았습니다. 나는 여러분의 의견을 따르기로 했습니다."

"감사합니다. 목사님. 반드시 그렇게 하셔야만 합니다."

"그런데 한 가지 제안이 있습니다."

"무슨 제안입니까?"

"사실 이 문제는 말씀드리기 무척 어려운 일이지만 메트로폴리탄 교회의 협동목사로 나의 동생인 아처 스펄전 목사가 어떨까 싶은데요. 여러 사람을 생각해보았는데 그중에서도 그가 가장 적임자가 아닐까 하는 생각이 들었습니다. 그는 리전트 칼리지를 졸업하고서 목사가 된 사람인데 신앙 노선이 나와 거의 같기 때문입니다."

친동생인 아처 스펄전은 리전트 칼리지를 졸업한 다음 8년 동안 성직에 종사해오고 있었으며 누구보다도 형 찰스 스펄전이 지향하고 있는 신학적인 면과 복음주의적 실천 의지가 비슷했다.

찰스 스펄전이 말을 이었다.

"절대로 그가 나의 동생이라고 하여 추천한 것은 아닙니다. 사실 내가 무슨 일로 교회를 비우게 될 때에 만족할 만한 설교를 할 사람으로는 현재로선 그밖에 떠오르는 이가 없습니다. 그는 뛰어난 설교 능력과 함께 남다른 열정을 가지고 있습니다. 그만큼 열정적인 복음주의자도 아마 보기 드물 것입니다."

"그렇다면 목사님의 의향에 따르겠습니다."

이렇게 하여 1868년, 아처 스펄전 목사는 형의 목회지인 메트로폴리탄 교회의 협동목사가 되었다.

아처 스펄전에게는 출중한 사업가적 수완이 있었다. 그래서 교회의 실제적 업무들을 잘 맡아서 수행해나갔고 여러 조직을 움직이는 일에 있어서도 뛰어난 역량을 보였다. 찰스 스펄전에게는 어디에서도 찾아보기 힘든 훌륭한 동역자가 아닐 수 없었다.

찰스 스펄전이 과중한 업무에 몸이 날로 쇠약해지자 여러 집사들과 장로들도 교회 일에 더욱 적극적으로 참여했다. 본래는 집사들만 교회를 관리했지만 교회가 성장하여 성도들의 숫자가 급증하자 장로직까지 선출하여 일을 맡겼다.

집사들은 교회 관리와 재정 관리를 맡았고, 장로들은 성도들의 영적 문제를 지도했다. 장로들은 어려움을 겪고 있는 성도들을 수시로 방문하여 그들의 애환을 들어주고 바른 신앙을 가지고 그들에게 주어진 문제를 잘 풀어가도록 도왔다. 이렇게 교회 내의 여러 지체들이 서로 도우면서 협력하자, 많게만 여겨졌던 교회의 일들은 정리가 되어갔고 체계가 잡혀갔다.

한편, 찰스 스펄전에게 비난의 화살을 쏘아대던 미국의 여론도 남북 전쟁에서 북군이 승리를 거두면서 노예제도가 폐지되자 점차 사그라졌다. 형편이 이처럼 뒤바뀌게 되자 미국 안에서는 그를 초청하여 설교를 직접 들어보자는 여론이 다시 일었다.

"노예제도에 대한 스펄전의 반대 입장은 옳은 것이었다."

"그는 복음주의적인 양심을 지니고 사는 우리 시대의 인물이다."

"이제 더 이상 그의 설교 듣기를 미룰 이유가 없다."

미국 안에 있는 여러 기독교 단체는 연합하여 스펄전에게 초청장을 띄웠다.

> 우리 미국인들은 당신의 설교 듣기를 몹시 원하고 있습니다. 이 초청에 응해주신다면 우리는 당신의 설교 1회에 3,000달러를 지급하겠습니다.

스펄전은 초청장을 받고서 자기에 대한 미국인들의 간절한 심정을 알고 기뻐했다. 하지만 초청장에다 설교 1회에 3,000달러를 지급하겠다고 명기한 것은 마치 돈을 미끼 삼아서 사람을 끌어당기려는 듯한 느낌이 들어 약간 불쾌했다. 미국인들의 현실적이면서도 솔직한 표현을 잘 이해하고 있었지만 여전히 꺼림칙한 마음을 씻기가 어려웠다.

하지만 찰스 스펄전이 이 초청에 불응했던 이유는 전혀 다른 데에 있었다. 그의 건강이 급속도로 악화되어 설교는 물론이고 집필까지도 중단하지 않으면 안 되었기 때문이다.

"병세가 어느 정도입니까?"

자신의 병에 대하여 안타깝게 묻는 스펄전에게 의사가 대답했다.

"이제 모든 것에서 손을 떼시고 건강 회복에만 신경을 쓰십시오. 만약 그렇지 않으면 건강을 다시 회복하기 어렵게 되고 말 겁니다."

의사의 처방대로 찰스 스펄전은 얼마 동안 자리에 누워 지냈으나 좀처럼 회복될 기미가 보이지 않았다. 오랫동안 누적되어 온 병고였기 때문에 쉽게 회복되기가 어려웠다. 그렇게 누워 있게 된 지 서너 달쯤 지나서는 합병증으로 천연두까지 앓게 되었고, 거기다가 매우 심각한 통풍(류머티스성 관절염)까지 겹쳐 제대로 걷지도 못할 지경이 되었다.

오랫동안 병고와 싸우면서 교회를 떠나 지내던 1871년의 어느 날, 찰스 스펄전은 메트로폴리탄 교회의 성도들에게 애절한 편지를 썼다. 그것은 출중한 설교자로서가 아니라 지극히 인간적인 마음에서 쓴 글이었는데 그가 병으로 인해 얼마나 고통스러우며 나약해져 있는지를 보여주었다.

사랑하는 형제들이여, 내가 마지막으로 여러분 앞에서 설교하고 교회를 떠나온 이래로 나의 건강 상태는 좀처럼 회복의 기미가 보이지 않습니다. 육체의 고통에 시달려 지금은 나의 영혼까지도 절망감에 지쳐 있을 정도입니다. 하나님만이 나의 이 고통을 아실 것입니다. 하나님만이 나의 유일한 피난처임을 고백합니다. 견디기 어려운 고통 속에서도 나는 희망을 잃지 않으려고 이처럼 침상에 엎드려 이 편지를 쓰고 있습니다.

나의 회복을 위하여 기도해주시는 여러 성도들에게 감사의 인사를 드립니다. 내가 건강을 완전히 되찾고 여러분을 다시 만나게 되려면 오랜 시일이 걸릴 것 같습니다. 나를 치료하고 있는 이들은 다 의학에 권위자들입니다만 이들도 입을 모아 긴 휴식만이 나를 회복시킬 수 있다고 말한답니다. 나의 몸이 비록 고통스러워도 나의 마음은 언제나 교회와 여러분 곁에 있습니다. 그리고 여러분을 위해 기도하고 있습니다. 나는 끊임없이 기도하면서도 어떨 때는 가끔씩 여러분이 흩어지면 어쩌나 하는 걱정이 들기도 합니다. 사랑하는 형제들이여, 절대로 어떤 경우에도 흔들리지 마십시오. 여러분의 목자는 내가 아니라 하나님이시기 때문입니다. "여호와는 나의 목자시니" 하는 시편 기록이 있지 않습니까.

제발 나를 위하여 기도해주십시오. 나는 도공陶工이 만든 작은 토기 하나에 지나지 않으니 깨져버리면 아무런 쓸모없이 어딘가에 던져지고 말 것입니다. 나는 밤낮 없이 눈물을 흘리면서 하나님께 간구하고 있습니다. 나를 가로막는 이 장애물들을 거두어달라고 말입니다. 나 개인의 고통만 생각해서가 아니라 여러분과 다시 만날 날을 위해서 말입니다. 나의 이 희망은 곧 이루어질 것입니다.

그의 애절한 편지는 온 성도들의 눈시울을 적셨다. 찰스 스펄전은 편지의 첫머리에 자기의 영혼까지도 절망감에 지쳐 있을 정도라고 말하면서 누적되어 온 그의 병고가 얼마나 깊은지를 전했다.

하지만 그런 병고가 그에게 해만 된 것은 결코 아니었다. 그런 극심한 시련을 통하여 하나님께서는 그의 영혼을 더 강하게 훈련시켰다. 욥

이 자기의 몸이 다 썩어내리는 처절한 고통 속에서도 "그가 나를 단련하신 후에는 내가 순금같이 나오리라"(욥 23:10)라는 신앙 고백으로 승리했던 것처럼.

~

찰스 스펄전의 믿음의 고백대로 몇 달쯤 지나자 그의 병세는 호전을 보이기 시작했다. 서서히 회복의 기운이 돌자 그는 감사 기도를 드렸다.

"하나님, 저를 아주 버리지 않으시고 회복케 하시니 감사합니다. 제가 다시 건강을 되찾으면 예전보다 더욱 주님을 위해 열심을 가지고 당신의 일을 감당하겠나이다."

찰스 스펄전은 극심한 병고를 통해 새롭게 태어나는 체험을 하게 되었다. 그것은 분명 하나님께서 그를 새롭게 하시기 위한 고난의 십자가였다. 이 시련을 통해 그의 옛사람은 죽고 새사람으로 다시 태어났기 때문이었다.

어느 정도 기력을 찾게 되었을 때에 그는 다시 메트로폴리탄 교회로 돌아왔다. 그가 교회를 비운 사이에도 동생 아처 스펄전 목사의 열심으로 교회는 꾸준한 성장을 보이고 있었다. 환대하는 교인들의 모습을 보는 순간 스펄전은 감개가 무량했다. 모든 것이 다 하나님께서 배려하신 결과가 아닐 수 없었다.

그는 교회로 돌아와서 처음 강단 위에 섰을 때에 다음과 같이 간증했다.

"형제들이여 혹시 여러분 가운데 질병의 고통 때문에 한쪽으로 병상 위에 누운 채 꼼짝하지도 못하고 일주일 이상 지내본 적이 있습니까. 몸의 방향을 조금 바꾸고자 발버둥쳐도 통증만 느껴질 뿐 아무런 소용이 없을 때의 그 무기력을 체험해본 적이 있습니까. 저는 그런 극한 고통에 직면하여 더 이상 참지 못하여 비명을 지르지 않을 수 없었습니다. '자비로우신 하나님이여 나를 붙들어 주소서' 하고 말입니다. 그런 고통 중에서 하나님은 저를 버리지 않으시고 함께하셔서 지금의 이 기쁨을 맛보게 하셨습니다."

헌신적인 동역자

                    찰스 스펄전은 메트로폴리탄 교회로
다시 돌아와서 새로운 마음을 가지고 일을 시작했다. 하지만 예전같이
마음 놓고 무리하게 일할 수는 없었다.

    1871년 11월에 그는 다시 요양 차 이탈리아로 향했다. 그는 습기 많
은 영국 대신 이탈리아 남부의 따뜻한 태양 볕을 쬐면서 6주를 보냈다.

    그가 기도하여 일으킨 병자는 수없이 많았다. 콘웰 박사의 증언에
의하면 찰스 스펄전의 기도를 받고 생명을 연장받은 사람이 메트
로폴리탄 교회에만 수백 명이 넘었다. 예전에 전염병이 돌아 많은 이들
이 죽어갈 때에도 그의 기도를 통하여 다시 살아난 사람이 많았다. 한
장로가 그에게 물었다.

    "목사님은 왜 기도를 통해서 자신의 건강은 온전히 회복시키지 못합
니까. 그게 참 궁금합니다."

"의사가 어찌하여 자기의 병은 고치지 못하느냐, 그런 질문과 같군요?"

"맞습니다."

"의사가 병자를 고치는 것과 목사인 내가 기도하여 병 고치는 일은 차이가 있습니다. 의사는 진단과 처방과 치료만 잘하면 병자가 나을 확률이 높지만 기도를 통하여 병자가 낫는 일은 전적으로 하나님의 뜻에 달려 있기 때문입니다. 누구나 다 기도했다고 낫는 것은 아니지요."

"...!"

"내가 기도로써 나의 건강을 온전케 하지 못하는 점도 그것이 하나님의 뜻이기 때문이지요. 사실 어떤 이에게 있어선 병이 그의 영혼구원에 도움이 되는 경우도 있으니까요."

"그러니까 신유의 은사를 받은 사람이라도 그의 기도가 만능은 아니라는 말이군요."

"그래요. 기도하여 병자를 고친다는 것은 여전히 신비한 역사이며 하나님의 영역입니다."

사실 찰스 스펄전의 건강만 염려스러운 것이 아니었다. 부인 수잔나 톰슨 역시 건강하지 못했다. 그녀는 집 안에 머물러 지내는 시간이 많았고 때로는 교회 출석조차 제대로 못할 정도였다. 하지만 그녀는 자기의 병으로 남에게 폐를 끼치지 않으려고 노력했다. 자신의 몸은 안 좋더라도 늘 남편 걱정에 그녀의 건강은 뒷전일 수밖에 없었다. 그녀는 남편의 일에 헌신적인 태도를 잃지 않았고 모든 면에서 남편의 입장을 고려하여 조언했다.

1875년의 찰스 스펄전이 《스펄전의 강의 노트》라는 책을 발간하게 되었을 때 그녀는 뜻밖에 한 가지 일을 제안했다.

"여보, 저에게 좋은 생각이 떠올랐어요."

"좋은 생각이라뇨?"

"이번에 당신이 발간한 책 말이에요. 한 100권쯤 가난한 목사들에게 선물로 보내주면 어떨까요? 그 책값은 제가 지불할게요."

"정말 훌륭한 제안이군요. 그런데 책값을 당신이 지불하겠다니 그럴 돈이 있소?"

"그동안 조금씩 저축해둔 것이 있어요. 아마 지금쯤 100권의 책값은 모였을 거예요."

"그럼 당신 생각대로 합시다."

수잔나 톰슨은 런던과 근교에서 100명의 가난한 목사들을 선별해 그들에게 《스펄전의 강의 노트》를 한 권씩 보냈다. 그러자 책을 받은 목사들이 감사의 글을 보내왔다.

스펄전 부인, 정말 감사합니다. 부인의 호의에 무엇이라 감사의 표현을 해야 할지 모르겠습니다. 호의에 힘입어 더욱 열심히 목회에 힘쓰겠습니다.

뜻밖에 책 선물을 받고서 얼마나 기뻤는지 모릅니다. 그 어떤 것보다도 큰 격려였습니다. 감사합니다. 보답하는 심정으로 주님의 일을 더욱 열심히 수행하겠습니다.

"이 답장들을 좀 보세요."

"반응이 대단하군요."

"제가 보낸 책이 아주 좋은 선물이었나 봐요. 받은 목사님들이 모두 기뻐하잖아요. 정말 보람 있는 일이에요."

"그랬겠지요. 여태까지 그런 일을 한 번도 경험하지 못했을 테니까요."

이때 수잔나 톰슨이 또 한 가지 제안을 했다.

"책 보내는 일을 제가 손이 닿는 대로 얼마 정도 계속해보면 어떨까요?"

"아주 좋은 생각입니다. 하나님께서 기쁘게 여기신다면 반드시 길을 열어주실 것이오."

남편 찰스 스펄전의 반응은 매우 호의적이었다. 수잔나 톰슨은 가난한 목사들에게 한 차례 100권의 책을 보내주는 것으로 끝내려 했지만 이 일이 하나의 사역이 되고 말았다. 남편이 쓴 책을 읽고서 많은 목회자들이 힘을 얻어 복음전파에 열심을 더한다면 더없이 바람직한 일이라고 생각했다.

그녀는 아무래도 이런 일을 수행하려면 기도가 우선되어야 한다고 생각했다. 그녀의 간절한 기도는 신속한 응답을 받게 되었다. 어느 날 낯모를 사람에게서 편지 한 통을 받았다.

스펄전 부인께서 가난한 목사님들에게 좋은 책을 보내주셨다는 말을 들었습니다. 그 반응이 좋다는 것도 책을 받은 목사님들의 증언을 통해 직접 확인할 수 있었습니다. 그래서 많지 않지만 50파운드의 책 대금을 부치기로 하였습니다. 현재 북부 웨일즈 지방에서 일하고 있는 감리교회 목회자 500명에게 《스펄전의 강의 노트》를 한 권씩 보내주십시오. 이런 일이야말로 우리 시대에 반드시 필요한 하나님의 일이라고 믿습니다.

편지와 돈을 받고 수잔나 톰슨은 자신이 계획한 일이 하나님께서 기뻐하시는 일이라는 걸 확신했다. 이렇게 하여 북부 웨일즈 지방에서 일하고 있던 500명의 감리교회 목사들에게도 찰스 스펄전의 책이 한 권씩 배달되었고, 이 일은 자연히 교계에 관심거리가 되었다.

그 후 누군가가 남부 웨일즈 지방의 목회자들에게도 책을 부쳐달라면서 50파운드의 대금을 보내왔고, 또 어떤 사람은 교파를 초월하여 영국 안에서 일하고 있는 어려운 목사들에게 책을 부쳐달라면서 100파운드의 돈을 보내기도 했다. 이 일을 계속 진행하는 동안 수잔나 톰슨 역시 기쁨으로 일하게 되었다.

당신은 참으로 귀중한 일을 하고 있습니다. 많은 목회자들을 돕고 있는 당신의 팔을 하나님께서 계속 붙들어주시기를 바랍니다.

수잔나 톰슨에게 격려의 편지가 계속 배달되었다. 이처럼 각처에서 일하고 있는 어려운 목사들에게 책을 보내주는 운동은 오랫동안 계속되었는데 이 운동을 위한 책 대금 기탁이 끊임없이 이어졌기 때문이었다. 이런 일이 약 반 년 동안 계속되었을 때 수잔나 톰슨은 다음과 같은 글을 썼다.

144

나는 지금까지 영국에서 일하고 있는 각처의 목사님들께 약 6,000여 권의 책을 보냈다. 처음엔 이런 일이 얼마나 목사님들께 도움이 될지 미처 몰랐지만 책을 받고 난 목사님들의 호응을 확인하고 나서야 비로소 이 일의 귀중함을 깨달았다. 사실 나는 지금까지 남의 도움만 받으면서 살아왔을 뿐 다른 이들의 행복을 위하여 내가 가진 무엇을 조금이나마 제공한 적이 없었다.

나는 목회자들에게 책을 보내주는 일을 통해 하나님으로부터 이중의 축복을 받게 되었다. 남에게 받으면서도 동시에 베풀어주는 자가 된 축복이 바로 그것이었다. 어쨌든 나는 이 책을 받게 될 목회자가 얼마나 기뻐할까 생각하면 아무리 힘들어도 도저히 중단할 수가 없다. 나에게 주어진 기회를 잃지 않고 축복과 사랑의 더 큰 기대 속에 살면서 최선의 노력을 다하고자 한다.

'주여, 내 잔이 넘치나이다.'

수잔나 톰슨의 계속된 책보내기 운동은 뜻밖의 방향으로 확장되었다. '성직자 후원회'를 추진하여 현역 목회자들의 궁핍한 생활을 돕게 된 것이다. 그녀에게서 책을 받고 감사의 편지를 보내는 목회자들 가운데에는 생활의 궁색함을 엿보이는 경우가 많았다.

나는 겨우 한 달 생계비 10파운드를 가지고서 가족과 함께 생활을 꾸려가고 있습니다. 책을 사서 읽는다는 것이 사치와도 같았는데 이렇게 책을 보내주셔서 얼마나 감사했는지 모릅니다.

그런 내용은 일부러 궁색함을 보이려는 의도가 아니라 다만 자기의 감사를 강조하는 의도에서 쓰여진 것들이었다. 이런 편지들이 그녀에게 계속 배달되었다.

'아내가 아파도 진료비조차 마련하지 못하고 있는 형편인데…'

'자식의 교육비를 대지 못하여 학교를 중단하고 있는 처지인데…'

'변변한 옷가지를 마련치 못하여 이 겨울에도 떨고 지내는 지경인데…'

수잔나 톰슨은 이런 편지들을 읽을 때마다 몹시 가슴이 아팠다. 어떻게 해서든 그들의 생활고를 해결해주고 싶은 마음은 간절했으나 혼자서 그 일을 감당할 수 없는 형편이었다. 우선 그녀는 남편이 만들고 있는 월간지인 《검과 삽》에 현역 목회자들의 궁핍한 생활을 보고하는 글을 실었다. 그동안 보내온 편지들을 정리하여 그 사례들을 소개하며 이들의 어려움을 마땅히 도와야 하지 않겠느냐는 호소를 곁들였다.

그녀의 이런 호소력 있는 글들은 놀라운 결과를 가져다주었다. 각지에서 생활이 어려운 목회자를 돕는 데 써달라는 성금과 물품이 메트로폴리탄 교회로 답지했다. 보내온 물건 가운데에는 옷가지만 아니라 담요와 양식도 있었고, 심지어는 칫솔과 치약 같은 생활용품까지 있었다. 이런 성금과 물품이 계속 들어오자 자원 봉사자들의 손길이 필요했다. 성금은 수잔나 톰슨이 직접 관리했지만 많은 물품들을 분배하는 일에는 인력이 필요했다.

'아, 연약한 나에게 하나님께서 이런 귀중한 일까지 맡겨주시다니 이 얼마나 놀라운 은총인가.'

수잔나 톰슨에게 있어서도 이 일은 정말 가치 있고 보람 있는 일이었다. 하나님의 일이 많이 있지만 사역자들의 생활을 자기 손을 통하여 직접 돕는다는 것은 무척이나 자랑스럽고 가슴 뿌듯한 일이었다. 그녀는 사실상 가냘픈 한 여인에 불과했지만 하나님은 그녀의 선한 마음을 통해 큰일을 시작하셨다. 그녀는 책보내기 운동과 함께 성직자 후원회 활동에 있어서 누구보다도 열심을 내었고 피곤한 줄 모르고 그 일에 몰두했다.

부인의 이런 활동을 두고 찰스 스펄전은 주일 설교 중에 다음과 같이 말했다.

"하나님께서는 나의 사랑하는 아내에게 훌륭한 사명을 맡기고 수행토록 하심으로 그동안 체험하지 못했던 큰 기쁨과 보람을 경험케 하셨습니다. 물론 그런 사명을 맡게 됨으로써 아내의 병약한 육체가 더욱 피곤하기는 하지만 사람이 안일하고 편안하다고 행복한 건 아니지 않습니까. 자비로우신 하나님께서는 누군가 당신의 일을 즐겨 수행하게 되면 수고한 이상의 커다란 기쁨과 위로를 주시는 분임을 확인하게 되었습니다. 하나님은 그런 일들을 주심으로 제 아내로 하여금 병약한 몸을 잊도록 하셨고 더 큰일도 잘 감당할 수 있도록 힘을 불어넣어주셨습니다.

가장 감사할 것은 아내가 하나님과의 더욱 깊은 영적 교제 안에서 그분과 가까워졌다는 것입니다. 그러므로 여러분도 주님의 일에 더욱 열심을 내시기 바랍니다. 어떤 시험이 여러분들의 앞길을 막을지라도 절대로 물러서지 마십시오. 주님의 일에서 물러선다는 것은 하나님의 경이로운 축복을 저버리는 것과 다르지 않기 때문입니다."

이런 사역을 통해 찰스 스펄전의 부인인 수잔나 톰슨은 1885년에 자기가 직접 쓴 한 권의 책을 출간했다. 봉사활동을 하면서 겪게 된 여러 가지 상황과 간증들을 모아 쓴 《책보내기 운동에 바친 나의 10년》이라는 책이었다.

그녀는 자기가 쓴 책에 여러 목회자들에게서 받은 편지 내용의 애환을 잘 표현했다. 책을 보는 사람들은 호소력 있는 글에 공감했고 적극적인 지지를 보냄으로 그 책의 판매 수익금은 더 많아졌다. 그녀는 이 책을 판매함으로써 상당한 수익을 올리게 되었고, 이 수익금까지도 책보내기 운동에 모두 바쳤다.

목회의 전성기

메트로폴리탄 교회는
영국 안에서 보기 드문 매우 큰 교회이면서 한편으로는 가장 활동적인 교회이기도 했다. 그것은 찰스 스펄전이 신앙생활의 실천적인 면을 강조했고 무엇보다 자신이 매우 활동적인 사람이었기 때문이다.

메트로폴리탄 교회가 찰스 스펄전의 사역, 즉 패스터즈 칼리지 운영, 고아원 설립과 경영, 잡지 발행과 문서전도 등 모든 분야에 걸쳐 밑받침이 되어 준 것은 당연했다. 교회는 그 외에도 밖으로 크게 알려지지 않았던 기관들 예를 들어 복음주의자 협회, 외지선교회, 어머니회, 커피하우스 선교회, 크리스천 형제 자선회, 여성 봉사회, 맹인 협력회, 태버내클 복음전도회 등 여러 조직체의 활동에도 주도적인 역할을 담당했다.

하나의 교회가 그처럼 많은 조직체를 만들어 움직인다는 것은 쉬운 일이 아니었다. 그것들이 전부가 아니었다. 런던에서 찰스 스펄전이 목회를 한 지 25주년을 기념하는 행사 때에 그의 비서가 메트로폴리탄 교회 안에서 움직이고 있던 조직체의 이름들을 모조리 열거했는데 무려 66개나 되었다. 이런 끊임없는 활동은 모두 찰스 스펄전의 실천 의지에서 나온 것임을 알 수 있다.

그의 왕성한 활동은 메트로폴리탄 교회 안의 조직체에만 한정되지 않았다. 그는 런던 각처에서 움직이고 있던 100여 개의 선교단체에도 참여했다. 한 사람이 그 많은 일에 관여하는 것은 힘든 일이었지만 찰스 스펄전은 그 일들을 기적같이 행했다.

메트로폴리탄 교회 안에 있는 많은 조직체들은 실제적으로 협동 목사인 아처 스펄전이 담당하고 있었다. 그러나 그 중추적인 힘은 여전히 찰스 스펄전에게 의존할 수밖에 없었다.

"찰스 스펄전 목사님은 위대한 지도력을 지닌 분이다."

"그의 선지자적인 예지와 용기를 따를 자는 없다."

"메트로폴리탄 교회는 크게 축복받은 교회이다."

사람들은 찰스 스펄전이 세운 여러 행적을 보면서 칭찬을 아끼지 않았다. 그는 많은 일들을 수행할 때에 누구에게든 단 한 번도 강압적인 적이 없었고, 언제나 모든 사람들이 자발적으로 협력하도록 만들었다.

"이 일은 하나님의 뜻이 분명합니다. 두고 보십시오. 그 수확이 놀라운 것임을 곧 확인하게 될 것입니다. 하나님께서는 이 일을 실천하도록 우리를 부르셨습니다."

언젠가 한 사람이 그에게 물었다.

"스펄전 목사님, 성도들이 목사님의 말이라면 무조건 순종하는 까닭이 어디 있을까요?"

그가 곧 대답했다.

"내가 지도자라는 권위를 앞세우지 않기 때문이지요. 나는 우리 교회 성도들을 끔찍하게 사랑하고 있습니다. 그런데 어떻게 이들 앞에서 권위를 앞세울 수 있나요? 내게서 나온 것은 모두 사랑의 발로입니다. 그래서 성도들은 곧 내 말을 따르게 되는 것이지요."

메트로폴리탄 교회 안의 조직 중에 무엇보다도 크게 발전한 것은 주일학교였다. 전체 학생들이 1,000명이 넘었고, 교사들만 100명이 넘을 정도였다.

찰스 스펄전이 처음 뉴 파크 스트리트 교회에 부임했을 당시는 라비니아 바틀렛 부인이 불과 3명의 소녀들을 가르치고 있었다. 하지만 그녀의 지도력이 뛰어나서 학생들의 숫자가 점점 늘어나더니 그로부터 10년 후에는 500명의 학생들이 모여들었고 얼마 후에는 700명을 넘겼다. 한 사람의 기도와 헌신의 결실이 놀랍게 나타난 것이다.

라비니아 바틀렛 부인의 신앙심은 거의 절대에 가까웠는데 메트로폴리탄 교회의 장로들이 성도들과 더불어 신앙 상담을 하다가 구원의 확신을 가지지 못한 이를 만나면 다음과 같이 말할 정도였다.

"바틀렛 부인의 신앙심을 보십시오. 그녀가 지도하고 있는 주일학교에 한번 참석해보면 좋겠습니다. 반드시 놀라운 영향을 받게 될 거예요."

1875년에 바틀렛 부인은 자기의 고향으로 돌아갔다. 이때 메트로폴리탄 교회의 주일학교 학생 숫자는 벌써 900명을 넘어 1,000명에 육박하고 있었다.

그녀는 떠나기에 앞서 찰스 스펄전과 이야기를 나누었다.

"부인, 당신은 우리 교회의 주일학교를 놀랍도록 부흥시켰는데 그 비결이 어디에 있었나요?"

"결코 다른 비결은 없었습니다. 오직 스펄전 목사님의 정신을 본받아서 주일학교가 열릴 때마다 학생들의 영혼을 정말 사랑하는 마음에서 반드시 구원시켜야만 한다는 마음으로 열심히 뛰었을 뿐이었지요."

"정말 장합니다. 그동안 많은 어려움이 있었을 텐데요."

"아주 많았지요. 특히 주일학교에 나온 지 얼마 안 되는 녀석들이 저를 여자라고 깔보면서 심술궂게 장난칠 때면 무척 속이 상했지요. 그럴 땐 어떻게 해야 할지 정말 답답했어요."

"그런 답답한 마음을 어떻게 이겨내실 수 있으셨나요?"

"다른 방법이 없었지요. 그 아이들의 일을 하나님께 전적으로 맡기는 수밖에요. 그들을 위해서 열심히 기도하면 얼마 지나지 않아서 녀석들이 기적같이 고분고분해졌습니다. 알고 보면 이런 방법도 다 목사님에게서 배운 거예요."

바로 이러한 사랑의 헌신과 간절한 기도를 통해 메트로폴리탄 교회의 주일학교는 영국에서 가장 큰 규모의 주일학교를 보유하게 되었던 것이다.

찰스 스펄전은 개척교회를 세우는 일에도 열정을 보였다.

"예수께서는 비유를 통하여 우리가 하나님께 받은 달란트는 반드시 이윤을 남겨야 한다는 점을 가르쳐주셨습니다. 그렇다면 우리 메트로폴리탄 교회가 인근의 필요한 지역에 교회를 세우는 일만큼 달란트를 남기는 충실한 실천정신이 어디에 있겠습니까."

그는 우선 성도들에게 복음을 전하는 일이 얼마나 중대한 것인가를 일깨워주었다. 그런 다음 어떤 지역에 몇 명의 성도들이 모아지면 모교회를 떠나서 새 교회를 시작하도록 권유했다. 그런 방법으로 개척교회를 세워 크게 발전시킨 사람이 있었는데 그는 오랫동안 찰스 스펄전 곁에서 비서 업무를 수행했던 제이던 씨였다.

그는 훗날 자기의 성공담을 다음과 같이 들려주었다.

나는 1869년에 찰스 스펄전 목사님의 격려를 받으면서 빈곤한 지역에 개척교회를 시작했습니다. 교회라고 마련된 곳은 낡은 건물 안에 있는 한 칸의 헛간이었고, 그 안에는 다 부서져가는 허술한 의자 4개만이 놓여 있었습니다. 나는 그 안에서 거리에서 데려온 4명의 소년들과 더불어 예배를 드리기 시작했지요. 실내 조명이라고는 차를 끓이는 주전자 뚜껑 위에 세워진 한 자루의 촛불밖에 없었습니다. 아주 어두운 곳이었지요.

찰스 스펄전 목사님이 두어 번이나 찾아와 보시고는 이 헛간을 가리켜 '캘커타의 블랙홀'이라고 말할 정도였으니까요. 게다가 이 낡은 건물은

비가 내리면 그대로 줄줄 새어 들어 예배를 방해하기 일쑤였고, 쥐들이 옆 칸 마루 위에서 달리기 경주를 벌일 때면 아이들은 손뼉을 치면서 법석을 떨었습니다. 그런 어려움 속에서도 계속된 사역의 결실은 놀랍기만 했습니다. 성도들이 하나둘씩 늘어났고 얼마 후에는 메트로폴리탄 교회로 가서 세례를 받게 되는 이들도 상당수 생겨났습니다.

5년 후인 1874년에는 이 교회에 정식으로 출석하는 성도 수가 300명을 넘었습니다. 이 교회에서 자라난 젊은이 가운데는 장차 목사가 되려고 현재 패스터즈 칼리지에 입학하여 공부하고 있는 이도 있습니다. 이런 결실은 하나님이 손수 행하신 일들이었습니다.

한편, 찰스 스펄전의 친동생이었던 아처 스펄전 역시 메트로폴리탄 교회에서 협동목사로 일하면서 동시에 런던의 외곽지역인 크로이던에서 개척교회를 시작했다. 그도 이 교회를 수백 명의 성도가 출석하는 교회로 발전시켰다.

1875년에서부터 1885년까지의 10년간은 찰스 스펄전의 생애 중 전성기였다. 그는 메트로폴리탄 교회를 마치 '벌집'처럼 만들어 놓고서 아주 분주한 삶을 살았다. 그는 이 기간에 자기가 활동을 벌인 만큼의 수확을 풍성하게 거두면서 동시에 계속해서 복음의 씨앗들을 줄기차게 뿌렸다.

그의 설교는 이 무렵에 이르러 더욱 원숙하게 되어 듣는 이들의 마음을 감동시켰고, 그들에게 한없이 평안한 마음을 가져다주었다. 사실 그의 초기 사역 시절 설교에는 말을 극적으로 표현하거나 어떤 경우에는 자기의 웅변적인 수사력을 가미하기도 했지만 세월이 지남에 따라 그의 설교에도 인위적인 흔적보다는 말씀에 용해되어 나온 말씀들로 풍성해졌다.

찰스 스펄전은 언젠가 자기의 설교를 두고서 어떤 사람과 더불어 다음과 같은 대화를 나눈 적도 있었다.

"스펄전 목사님, 당신의 설교는 자연스러우면서도 감동적인 힘을 지니고 있는데 그 비결이 어디 있다고 보십니까?"

"나는 나의 설교를 단 한 번도 설교라고 여겨본 적이 없습니다."

"그게 무슨 뜻입니까?"

"우리 주 예수 그리스도의 복음을 전하는 일은 결코 설교일 수 없기 때문이지요."

"…."

"예를 들어 많은 목사님들은 자기의 설교를 돋보이도록 하기 위하여 일부러 별난 몸짓이나 수사적인 언변을 총동원하지요. 아마도 그 목적은 청중의 눈과 귀를 자극시켜 그들의 관심을 자기에게로 끌어 모으려는 데에 있을 것입니다. 물론 이런 설교도 훌륭한 설교일 수 있습니다."

"그런데요?"

"하지만 목회자가 강단에서 그런 설교만 계속하고 있다면 그 결과는 복음의 주인이신 예수 그리스도는 어디론가 사라지지 않겠습니까."

"왜, 그렇게 될까요?"

"성도들이 설교자의 말과 몸짓에만 관심을 쏟는다면 설교 속에 숨겨져 있는 주님을 볼 수 있겠습니까. 설교가 설교로만 그치면 예수 그리스도는 만날 수 없게 되지요."

"그렇다면 목사님은 당신의 설교를 어떻게 설명하시겠습니까?"

"내가 나의 설교를 가리켜 설교라고 말하지 않는 이유가 바로 거기에 있습니다. 나의 설교의 목적은 우리의 구원자이신 예수 그리스도를 소개하고 그분을 만나도록 하는 데에 있는 것이지, 나를 드러내고자 하는 것은 아니기 때문이죠."

"…."

"한마디로 자기의 웅변력과 말재주에만 의지하는 설교는 결국 참된 설교에 대한 모독일 수밖에 없습니다. 죄인들로 하여금 오직 그리스도 한 분만을 바라보도록 하는 것이 진정한 설교인데 인위적인 설교는 결국 자신을 드러내는 결과를 낳기 때문입니다. 어떻습니까, 제 말이 이해가 되십니까?"

"맞습니다. 듣고 보니까 이제야 설교의 본질이 무엇인지 깨달아집니다."

메트로폴리탄 교회는 날이 갈수록 성도들의 숫자가 늘어 7,000명에 육박하게 되었다. 찰스 스펄전의 감동적인 설교에 힘입은 바도 컸지만 그것은 성공적인 상담 목회의 결실이기도 했다.

찰스 스펄전의 활동이 눈부셨던 이 기간에 그의 건강 상태는 매우 나빴다. 무엇보다도 그를 고통스럽게 만든 것은 팔과 다리의 마디마디를 움직이기 어렵도록 만드는 통풍이었다. 이 병 때문에 그는 매년 여름이면 스코틀랜드로 휴가를 떠났고, 겨울철이면 프랑스 남쪽에 있는 망통 지방으로 내려가 휴식하고 돌아오곤 했다.

이런 요양은 그의 사역에 꼭 필요했다. 휴식이 없었다면 그는 사역을 잘 감당할 수 없었을지도 모른다. 사실 그는 자신의 건강을 놓고 많은 기도를 했지만 기도는 응답받지 못했다. 자신의 건강에 진전이 없어 답답하게 느껴질 때마다 그는 기도했다.

"하나님, 어찌하여 저의 병을 완전히 고쳐주시지 않습니까?"

그런 기도를 할 때마다 그의 마음에는 사도 바울의 고백대로 "네 은혜가 네게 족하도다"(고후 12:9)라는 말씀이 떠오르곤 했다.

오직 예수 그리스도로

찰스 스펄전은 전성기에 한 유능한 인사의 방문을 몇 차례 받았다. 그는 미국에서 복음주의적 설교로 크게 부흥운동을 일으키고 있던 드와이트 무디Dwight Moody, 1837-1899였다. 1868년 봄, 무디는 영국으로 건너가서 찰스 스펄전을 만났다. 그는 메트로폴리탄 교회를 방문하여 한 차례 찰스 스펄전의 설교를 듣고 그와 만남을 갖게 되었다.

그가 영국에 건너온 목적은 당시 브리스톨에 고아원을 세워 괄목할 만한 발전을 이룬 조지 뮬러를 만나는 것과 메트로폴리탄 교회를 방문하여 찰스 스펄전의 설교를 직접 들어보는 것이었다. 스펄전의 설교가 미국에까지 정평이 나 있었기 때문에 직접 들어보고 싶은 마음이 간절했다.

마침내 스펄전의 설교를 들은 무디는 설교를 듣던 도중에 몇 차례나 감격에 북받쳐오르는 울음을 삼켜야만 했다.

드디어 두 사람이 첫 대면을 하게 되었다.

"스펄전 목사님, 그동안 꼭 한 번 뵙고 설교도 직접 들어보고 싶었는데 오늘 이렇게 뵙게 되어 기쁩니다."

"나도 당신의 명성은 익히 들어 일찍부터 알고 있었습니다. 언제고 저도 한번 뵙고 싶었습니다. 이처럼 몸소 찾아주셔서 얼마나 감사한지 모르겠습니다."

"스펄전 목사님의 설교는 정말 훌륭합니다. 소문보다 훨씬 훌륭했습니다. 당신의 교회가 어떻게 오늘처럼 기적적인 발전을 이룩했는지 그 까닭을 확인했습니다."

"과분한 찬사입니다. 저는 단지 주님을 사람들의 마음에 바르게 전해주려고 최선을 다했을 뿐입니다."

"어쨌든 나는 이번 기회에 하나님께서 왜 나를 이곳으로 인도하셨는지 깨닫게 되었습니다. 사실 그동안 나는 스스로 대단한 전도자라고 여겨왔는데 이제야 비로소 참으로 부족하고 부끄러운 자신을 발견하게 되었습니다."

"겸손한 말씀입니다."

찰스 스펄전은 드와이트 무디의 방문을 계기로 그에게 한차례 설교를 부탁했다.

"마침 좋은 기회라고 생각합니다. 우리 교회를 모처럼 방문해주셨으니 설교를 해주십시오."

그러나 무디는 겸손하게 사양했다.

"내가 오늘 방문한 것은 스펄전 목사님의 설교를 듣고자 함이지 제가 설교를 하기 위해서가 아닙니다. 나는 당신에게서 설교 요청을 받았다는 사실 하나만으로도 무한한 영광으로 생각합니다. 다음 기회가 생기면 그때 하기로 하죠. 이번만은 정중하게 사양하겠습니다."

무디의 첫 방문 때 그의 설교를 직접 들어볼 수는 없었지만 이때부터 시작된 두 사람 사이의 교제는 평생 동안 계속되었다.

무디가 두 번째 영국으로 건너가 다시 찰스 스펄전을 만난 것은 1872년의 일이었다. 이때는 무디의 꽉 찬 집회 일정 때문에 잠시 서로 만난 후 아쉬운 작별을 할 수밖에 없었다. 무디가 찰스 스펄전의 요청을 받아들여 메트로폴리탄 교회에서 역사적인 설교를 하게 된 것은 1875년에 이루어진 세 번째 영국 방문 때에야 가능했다. 첫 방문으로부터 7년 만에 성사된 셈이다.

메트로폴리탄 교회 강단 위에 처음 서게 되었을 때 무디는 감개무량하지 않을 수 없었다. 1868년 첫 영국 방문 당시에 바로 이곳에서 스펄전의 설교를 들으면서 얼마나 감격했던가. 물론 자기도 당대에 명설교자로서 전 세계에 이름을 떨치고 있었지만 다른 사람의 설교를 들으면서 그렇게 감격에 벅찼던 적은 없었다.

무디는 다음과 같은 말로 설교를 시작했다.

"정말 부끄러운 자랑입니다만 나는 전도자와 설교자로서 꽤나 널리 알려져 있는 사람입니다. 우리 미국 안에서만 아니라 이곳 영국에 와서도 그동안 많은 집회를 인도하기도 했습니다. 그런 내가 수년 전에 이곳 메트로폴리탄 교회를 방문하여 스펄전 목사님의 설교를 들으면서 얼마나 감동했는지 모릅니다. 사실 그때 나는 몇 번이나 울음이 북받쳐올랐습니다.

오늘 여기 스펄전 목사님의 강단 위에 서서 설교하게 된 것이 내게 얼마나 뜻깊은 일인지 모르겠습니다. 나는 지금 감히 하나님 앞에서 단언하는 바입니다. 만약 그 동안 스펄전 목사님의 설교를 여러 차례 들어왔으면서도 하나님께 이르지 못한 사람이 여러분 가운데 있다면 나의 설교를 아무리 듣는다 하더라도 별다른 변화가 일어나지 않을것입니다. 왜냐하면 찰스 스펄전 목사님의 설교는 이미 나의 설교보다 앞섰기 때문입니다."

무디는 세 번째 영국 방문 때에도 각처를 돌아다니면서 많은 전도 집회를 인도했다. 그는 당대에 보기 드문 복음주의적인 설교자였다. 하지만 그가 영국을 자주 출입하게 되면서 영국인들 사이에서 그에 대한 비난이 일기도 했다.

"무디의 설교는 복음에서 빗나간 것이다."

"그는 지나치게 말장난에 의지하고 있다."

"그의 신앙에는 신비적인 면이 너무 많다."

하지만 찰스 스펄전은 이런 무디에 대한 비난의 소리에 상관 않고 그를 전적으로 옹호하고 나섰다.

"무디의 설교가 복음에서 빗나갔다는 것은 전혀 근거 없는 이야기다. 그리고 어차피 기독교는 신비적인 요소들을 지니고 있기 마련이다. 물론 그가 체험적인 신앙을 강조하긴 하지만 그의 이런 점은 단지 비난자들의 편견에서 나온 말일 뿐이다. 나는 무디가 말씀을 전하는 현장에서 그의 건전성을 거듭 확인할 수가 있었다. 그를 우리 영국에 보내어 복음을 전하도록 해주신 하나님께 나는 진심으로 감사하고 있다."

물론 찰스 스펄전과 드와이트 무디의 신앙이 모든 면에서 일치한 것은 아니었다. 그러나 찰스 스펄전은 무디의 전도 사역을 적극적으로 지지했고 결코 시기하지 않았다. 그것은 같은 전도자로서 매우 아름다운 모습이었다.

～

한편, 스펄전은 1878년에 캐나다의 기독교 단체들로부터 초청을 받았다.

꼭 한번 방문해주십시오. 우리 캐나다 성도들이 당신의 설교를 고대하고 있습니다.

하지만 스펄전은 초청에 응할 수가 없었다. 워낙 많은 일들이 쌓여 있기도 했지만 여전히 건강이 좋지 않은 상태였기 때문이다.

1879년은 찰스 스펄전이 런던에 와서 목회를 시작한 지 25주년 되는 뜻깊은 해였다. 교회의 성도들이 이를 알고 가만히 있질 않았다.

"스펄전 목사님. 목사님께서 이곳 런던에 오셔서 뉴 파크 스트리트 교회에 부임하여 목회를 시작한 지 금년이 꼭 25주년이 되는 해 아닙니까?"

"오, 그렇던가요?"

"이날을 기념해 목사님께 선물 한 가지를 드리려고 계획했습니다."

"선물이라니요?"

"기념예배 때 보시면 알게 될 것입니다."

"아무튼 감사한 일입니다만 지나치게 마음은 쓰지 마십시오."

기념일을 맞았을 때에 메트로폴리탄 교회 성도들은 6,500파운드나 되는 거금을 그에게 선물로 건네주었다.

"목사님, 이 돈은 절대로 딴 곳에 쓰지 마시고 오직 목사님 개인과 가족을 위해 쓰십시오. 꼭 당부하는 바입니다."

"그렇게 하겠습니다. 감사합니다."

스펄전은 그렇게 대답했지만 결코 자신을 위해 그 돈을 쓰지 못했다. 그 돈은 고스란히 신학원 출신들의 선교 비용에 쓰였다.

찰스 스펄전은 목회 25주년 기념식 예배 자리에서 말했다.

"어떤 교회나 다 한 가지씩의 영예가 있기 마련입니다. 나는 오늘날까지 우리 교회의 영예는 가난한 자들의 영혼을 복음으로 구원하고 이런 일을 통하여 우리 주께서 영광을 받으시는 일로 생각해왔습니다. 그리고 그 일을 위하여 어떤 유혹이 있어도 개의치 않고 열심히 한 길로 정진해왔습니다. 나는 지금까지 그래 왔듯이 앞으로도 계속해서 그렇게 살아갈 것입니다. 나의 푯대는 오직 예수 그리스도이시기 때문입니다. 내게 예수 그리스도가 없다면 나에게는 희망이 없습니다. 오직 주님만 영광을 받으소서."

1880년이 되자 찰스 스펄전의 생활에 한 가지 변화가 생겼다. 메트로폴리탄 교회가 런던의 외곽 지역에 마련해준 새로운 집으로 이사하게 된 것이다. 그와 가족이 23년 동안이나 함께 살아온 레인 지역이 점차 상업 지역으로 바뀌면서 거리는 번잡하고 소란스러웠다. 주위 환경이 이렇게 변하자 교회는 그 대책을 강구하고 나섰다.

"스펄전 목사님의 거처를 옮겨야 한다."

"주변 환경이 너무 번잡해 목회자가 살기에는 아무래도 좋지 않다."

"목사님의 건강 상태를 고려하여 이사를 해야 함이 마땅하다."

"교회가 나서서 조용한 교외에 새로운 집을 마련하자."

찰스 스펄전의 건강 상태를 생각해서 거주지를 옮겨야 한다고 판단한 성도들의 제안은 지혜로운 것이었다. 그의 건강은 환경과 무관하지 않았다. 원래 영국이라는 나라가 습기가 많은 곳이기는 했지만 이곳은 유난히 안개와 습기가 많았다. 그래서 스펄전은 교회가 자기의 새 거처 마련에 나섰을 때 굳이 사양하지 않았다.

메트로폴리탄 교회가 찰스 스펄전의 새 거처로 마련한 장소는 런던 남쪽의 외곽 지역에 위치한 '행복의 땅'이라고 불리는 언덕이었다. 그곳은 아주 조용하고 습기도 많지 않아 거주지로서는 이상적이었다.

부지는 9에이커(1에이커는 약4,047m²)나 될 만큼 넓었고 '웨스트우드'라는 다른 이름까지 가지고 있었으며, 집도 빅토리아 왕조 시대에 지어진 전형적인 귀족풍이었다. 게다가 주변의 정원도 한적하고 평화스러워 그림 같은 전원의 풍경이 더욱 멋스럽게 보였다. 적당한 침실과 깨끗한 응접실, 좋은 위치에 서재가 자리 잡고 있어서 그동안 도심에서 시달려 온 사람들로서는 감탄할 정도로 아늑하고 아름다운 곳이었다.

찰스 스펄전은 그곳이 매우 마음에 들었다. 마음껏 누릴 수 있는 편안한 공간과 아름다운 정취는 그동안 쉴 틈 없이 살아온 그에게 휴식과 여유를 주기에 충분했다.

하지만 그런 여유로운 새 거처가 사람들의 입방아감이 되었다.

"스펄전 목사의 집이 어느 백작의 집과 다름이 없다면서."

"직접 보고 온 이들의 말에 따르면 버킹엄궁전*과 비교해도 전혀 손색이 없다는데."

"정원에는 맑고 아름다운 호수도 있다더군."

물론 그들의 말은 과장된 표현이었다. 조그마한 연못을 '맑고 아름다운 호수'라고 표현한 점만 해도 그 단적인 예였다.

스펄전은 이 집에서 왕성한 집필 활동을 시작했다. 설교문 인쇄 작업, 잡지 제작과 배포 등 모든 일이 이곳에서 행해졌다. 그의 부인인 수잔나 톰슨이 각처의 목사들에게 책을 보내는 운동까지도 이곳을 중심으로 이루어졌다. 처음엔 조용한 거처였지만 나중에는 찰스 스펄전의 활동 중심지가 된 것이다. 이런 일은 그의 삶이 곧 복음전파 사역임을 잘 증명해주는 일이었다.

그는 이때에도 여전히 류머티스성 관절염 때문에 고생을 하고 있었고, 그밖에 다른 질병으로도 고통을 당하고 있었다. 하지만 육신의 질병에 개의치 않고 그는 계속 많은 업무를 감당했고 다른 교회들의 집회 초청에도 기꺼이 응했다.

영국 북쪽에 위치한 리즈 지방에서 집회를 인도할 때에는 수백 명의 사람들이 먼 곳에서 몰려들었기 때문에 안으로 들어오지 못한 채 그냥 발걸음을 돌리는 사람도 많았다.

그가 브리스톨에서 한 집회를 인도할 때의 일이었다.

"자, 차례로 들어갑시다. 질서를 지킵시다."

★ 버킹엄궁전 런던의 웨스트민스터에 있는 왕궁으로 장엄한 르네상스식 건물로 빅토리아 여왕 때부터 왕이 상주하는 궁전이 되었다.

출입구로 몰려든 사람들을 향하여 경찰관들은 그렇게 소리치면서 질서 유지에 신경을 곤두세웠다. 이런 집회에 경찰이 출두하는 것이 흔한 일은 아니었지만 많은 사람들이 모여들 것을 예상하여 경찰들이 지원을 나오게 된 것이었다.

그러나 경찰의 힘도 역부족이었다. 짧은 시간에 워낙 많은 인파가 들이닥쳐 그만 출입구가 뒤죽박죽되어버렸다.

"왜 길을 막나?"

"어서 비켜서지 못해!"

"에잇, 밀어붙여버리자고."

사람들은 너도나도 먼저 들어가려고 아우성이었다. 마치 불길을 피해 도망하는 사람들처럼 사람들은 막무가내로 들어가려 했다. 그런 상황에서 경찰들의 제재는 별 소용이 없었다. 오히려 경찰들이 안으로 밀려들어갈 지경이었다.

스코틀랜드에서는 약 1만 5천 명의 청중 앞에서 야외설교를 하기도 했다. 그의 설교는 언제나 어디서나 빛을 잃지 않았다.

존경받은 인격

찰스 스펄전의 외모는
중간 정도의 키에 다리는 남보다 짧은 편이었다. 게다가 머리는 다른
사람들보다 훨씬 컸기에 남자로서 매력적인 모습이라고는 할 수 없었
다. 한 가지 특징이 있다면 30대 후반부터 기르기 시작한 그의 수염이
었다. 이 수염은 그를 인상적인 사람으로 보이게 했다.

"더부룩한 수염이 겨울 추위를 잘 막아주겠는걸."

"여름 습기로부터도 잘 보호해주겠지. 안 그래?"

"무엇보다도 수염 깎는 시간을 절약하니 좋을 거야."

사람들은 그의 수염을 놓고 그런 농담들을 했다. 그의 이런 수염과
더불어 맑은 눈빛과 인자한 미소는 더욱 그를 따뜻한 인상의 사람으로
돋보이게 했다.

그의 표정은 언제나 밝고 다정다감했고 눈에서 빛나는 뜨거운 열정

은 사람들의 마음을 사로잡는 묘한 힘이 있었다. 거기다 타고난 웅변력은 그가 평생 동안 성공적인 설교자의 삶을 사는 데 큰 역할을 했다.

"스펄전 목사는 타고난 설교자야."

"그는 따로 웅변을 익힐 필요가 없었을 거야."

"그의 말은 언제나 군소리가 없고 명료하거든."

또한 찰스 스펄전은 누구보다도 탁월한 용기를 가진 사람이기도 했다. 어떤 일에 있어서 그것이 하나님의 뜻이 분명하다는 판단이 내려지면 과감하게 밀어붙이는 추진력이 있었다. 또 그는 유달리 동물을 사랑했다. 그것은 그가 늘 바쁜 생활에 쫓기면서도 언제나 여유로운 자세를 잃지 않았다는 반증이기도 했다.

그는 자기의 마차를 끄는 두 필의 말을 끔찍이 사랑했고 집에서 기르던 한 마리의 개에게 쏟는 사랑과 정성도 특별했다. 그래서 그가 외출하여 돌아오면 조그마한 애견이 제일 먼저 뛰어와 반기곤 했다. 사람들 사이에선 다음과 같은 말들이 나돌기도 했다.

"웨스트우드 연못에는 붕어들이 살고 있는데 스펄전 목사가 그 못가에 가면 이 붕어들이 다투어 헤엄쳐나온다는 거야."

"한낱 물고기들도 자기들을 사랑하는 사람의 호의를 아나봐."

스펄전은 외출했다 돌아오면 붕어들의 먹이부터 챙겨서 연못에 뿌려주곤 했다. 그래서 붕어들은 그가 나타나기만 하면 몰려들었던 것인데 사람들은 이처럼 과장하여 말했다.

찰스 스펄전이 왕성한 활동을 계속하고 있을 때 런던의 한 신문은 다음과 같이 보도했다.

흔히 어떤 일을 크게 성공시키려면 그 과정에서 많은 장애와 곤경을 만나기 마련이다. 그러나 찰스 스펄전의 경우는 예외였다. 그의 여러 사역은 꾸준한 발전과 성장을 거듭했기 때문이다. 물론 그에게도 고민거리가 없었던 것은 아니었다. 그러나 그것은 어디까지나 성장과 발전에 따른 고민이었지 어떤 침체나 퇴보에 따른 고민은 아니었다.

하지만 찰스 스펄전이 계속 앓고 있었던 통풍 같은 만성질환들은 평생 동안 큰 십자가가 아닐 수 없었다. 그는 이런 병고 때문에 여러 날을 휴가로 보내는 경우가 많았고 강단 위에 제대로 서지도 못했다. 자신 또한 질병으로 늘 계획대로 설교를 진행할 수 없음을 안타까워했다.

언젠가는 상당히 오랜 기간의 휴가를 마치고 돌아와서 교회의 장로들과 집사들을 향하여 미안한 심경을 토로했다.

"제 병 때문에 교회의 일에 충실하지 못해 정말 죄송합니다."

"천만에 말씀입니다. 우리 교회 성도들은 다른 어떤 사람이 일 년 열두 달 동안 교회를 지켜주는 것보다도 반년 동안이라도 목사님께서 교회를 지켜주시기를 더 바라고 있답니다. 그러니 조금도 염려하지 마십시오. 우리 교회는 목사님이 계시다는 사실 하나만으로도 큰 복이 아닐 수 없습니다."

메트로폴리탄 교회가 찰스 스펄전을 이토록 아끼고 존경한 것은 비단 그의 탁월한 설교 능력이나 뛰어난 지도력 때문만은 아니었다. 물론 그가 메트로폴리탄 교회를 성공적으로 이끌었지만 그가 가장 존경받은 이유는 그의 성숙한 인격에 있었다. 아무리 높은 위치에 있어도 겸손한 모습은 평생토록 그가 많은 성도들로부터 존경을 받게 된 가장 큰 이유였다.

찰스 스펄전이 살아가는 동안에 그처럼 겸손을 유지할 수 있었던 것은 늘 주님 앞에 무릎을 꿇고 기도하는 일을 잃지 않았기 때문이었다. 그는 언제나 쉴 새 없이 하나님 앞에 무릎을 꿇었다. 그는 하나님과의 깊은 영적 교제 속에서 하나님의 말씀을 전하는 목자로서 어떻게 살아가야 하는지 늘 생각했고, 또 그런 모습을 유지하기 위해서 늘 긴장의 채찍을 소홀히 하지 않았다. 그 결과 그는 모든 사람들로부터 존경과 칭찬을 한 몸에 받았다.

패스터즈 칼리지 출신으로서 성공적인 목회를 했던 윌리암 윌리엄스는 다음과 같은 말을 했다.

"나는 여러 차례나 웨스트우드를 방문했는데 그때마다 찰스 스펄전이 직접 가정예배를 인도하는 모습을 보면서 감명을 받곤 했다. 무엇보다도 나의 마음에 감동적으로 다가온 것은 그의 간절한 기도였다. 찰스 스펄전이 가족을 위하여 하나님 앞에 머리를 숙이고 있는 모습은 그가 연단 위에 서서 누구도 따라가기 어려운 웅변력을 가지고서 수천 명의 사람들을 매료시키던 모습보다도 훨씬 더 감명 깊었다."

이렇듯 그에게는 개인적인 장점들이 많았다. 그중에서도 특히 그의 남다른 장점은 바로 탁월한 대인관계였다.

그는 목회를 하면서 계속 성도들의 상담을 해왔는데 그 내용은 가지 각색이었다. 사람들은 그에게 찾아와서 온갖 종류의 시련과 고통들을 쏟아놓았다. 메트로폴리탄 교회의 성도들뿐만 아니라 패스터즈 칼리지 출신들로서 목사가 되어 각처에서 일하고 있던 이들도 상담을 요청했다. 이는 그가 높은 위치에 있으면서도 권위적이지 않고 이웃의 아픔을 함께 아파하는 사랑의 사람이었음을 말해준다.

찰스 스펄전은 다른 사람의 고통을 수없이 들어주었고 또 그 고통들을 해결해주려고 무던히도 애썼지만 막상 그에게 주어진 문제와 고통은 호소할 데가 없었다. 그것은 지도자만이 가지는 고독함이기도 했다.

"스펄전 목사의 얼굴은 언제 보아도 평안해."

"그는 근심과 걱정 따위는 전혀 없는 사람처럼 보여."

"누구보다 위대한 신앙을 소유한 사람인데 어찌 그렇지 않겠는가."

그것은 그의 깊은 내면을 읽지 못하는 사람들의 막연한 판단이었다. 언제나 좋은 말과 설교로 사람들을 일깨우고 본이 되는 행동으로 그들 앞에 선다고 하여 그에게 언제나 기쁨과 감사할 조건만 있었던 것은 아니기 때문이다.

예수 그리스도께서 세상에 계실 때 많은 사람들에게 구원을 주시고 병을 고치시고 기적과 이적을 베푸셨어도 마지막 그의 과업이었던 십자가를 지시는 고통 앞에서는 하나님 앞에 피땀을 흘리면서 간구하셨다. 하나님이신 예수 그리스도께서도 그런 아픔과 고독과 고통을 겪으셨는데 한낱 인간인 찰스 스펄전에게 그늘진 마음이 있는 것은 어쩌면 당연한 일이었다.

사람들 앞에서는 언제나 의연했고, 미소를 잃지 않았지만 하나님 앞에서는 연약하여 어린아이와 같이 약한 모습을 보이는 것이 그의 실상이었다. 그는 하나님 앞에서 그에게 가져오는 여러 사람들의 고민거리를 가지고 울어야 했고 자신의 연약함 때문에 탄식해야 했다.

때로 찰스 스펄전은 가까운 사람들과 이런 심정을 나누기도 했다.

"목사님은 근심과 걱정 따위가 전혀 없어 보이는데 어떻게 그럴 수가 있습니까?"

"천만에요. 그건 나를 잘못 본 것입니다."

"그럼 목사님에게도 고충이 있단 말입니까?"

"솔직히 말하면 나만큼 많은 짐을 지고 있는 사람은 없을 겁니다. 많은 짐을 지고 있다는 것은 그만큼 많은 고충을 안고 있다는 것이지요."

"하긴 그렇군요. 그래도 목사님께는 그런 기색이 전혀 보이지 않는데요."

"그것이 목회자와 일반 성도들과의 다른 점이겠지요. 현재 내가 앓고 있는 지병만 해도 그 고통은 말로 하기 어렵습니다. 그런데 나는 이런 나의 고통에 신경을 쓰기보다는 다른 많은 사람들의 고통에 귀를 기울여야 하고, 그 고통을 해결해주기 위해 힘써야 하거든요. 그렇게 살다보면 절망스러울 때가 한두 번이 아니죠. 하지만 그런 절망 중에서도 성도들 앞에서는 미소를 잃지 않아야 하는 것이 나의 위치 아닙니까."

"아니, 목사님께서도 절망스러울 때가 있으시다고요?"

"어찌 나라고 절망의 수렁이 없겠습니까. 단지 하나님만이 나의 그런 고통을 아시겠지요."

"우리는 모두 목사님을 기도의 사람으로 알고 있는데요?"

"물론 나는 기도하기를 그쳐본 적이 없었습니다. 하지만 하나님 앞에 기도하다가도 나의 의지가 약하여 절망한 게 한두 번이 아니었죠."

"오, 그러셨군요?"

"하나님 앞에서 인간이란 아주 보잘것없는 미천한 존재에 지나지 않습니다."

찰스 스펄전에게 많은 고충과 고민거리가 있었지만 거꾸로 그는 그만큼 큰 행복을 경험한 사람이기도 했다. 많은 고통을 겪었기 때문에 도리어 그런 일을 통하여 철저하게 하나님께만 매달릴 수 있었기 때문이다. 그의 강점이 바로 거기에 있었다. 대개의 사람들은 어떤 어려움을 만나면 그로 인해 주저앉고 말지만, 그는 어떤 곤경에 부딪쳐도 그것을 비약의 디딤돌로 삼았다.

이것이 가능했던 이유를 그는 '큰 믿음'이라 말했다.

"형제여, 가능한 대로 큰 믿음을 가지십시오. 작은 믿음은 당신을 천국으로 데려다주지만 큰 믿음은 천국을 당신의 마음 안에 안겨주기 때문입니다."

영적인 적과의 싸움

　　　　　　　　　　　　찰스 스펄전이 맨 처음 글을
쓴 것은 열두 살 때였다. 이때 썼던 글은 당시 한 어린이 잡지에 실렸
다. 또 열다섯 살 때에는 가톨릭교회에 대한 비평적인 글을 써서 1파운
드의 상금을 받기도 했다. 찰스 스펄전이 본격적으로 글을 쓰기 시작한
것은 메트로폴리탄 교회 신축 후부터였다. 강단에서의 설교가 인쇄물
로 제작되었기 때문이다.

　당시에 교회에는 마침 인쇄업을 시작한 조셉 패스모어라는 집사가
있었다. 그가 어느 날 찰스 스펄전을 찾아와서 이런 제안을 했다.

　"스펄전 목사님."

　"무슨 일입니까?"

　"제게 한 가지 떠오르는 생각이 있습니다."

　"어떤 생각인데요?"

"주일마다 강단에서 전해지는 목사님의 설교를 인쇄물로 제작하여 문서 전도에 활용하면 얼마나 좋을까 하는 것입니다."

"글쎄요, 그게 얼마나 효과가 있을까요?"

"말은 한 번으로 끝나고 말지만 글은 두고두고 읽는 이들을 감동시킬 수 있지 않습니까? 그렇게 생각할 때 설교문이 제작된다면 그 효과가 얼마나 크겠습니까?"

"과연 그렇군요."

"게다가 제작된 설교문이 많이 판매된다면 새 예배당 건축에도 도움이 될 것이고 말입니다."

"그렇다면 한번 시작해봅시다."

찰스 스펄전의 설교는 주간마다 인쇄되어 나오는 것으로만 그치지 않고 연간집의 형태로 나오기도 했다. 그렇게 한 해 동안 만들어진 52편의 설교문이 다음해 초에 한데 묶여 단행본으로 만들어져 보급되었다. 이 설교집 제목은《뉴 파크 스트리트 펄핏》이라고 붙여졌다. 두번째 설교집에는《성자와 구세주》라는 제목이 붙게 되었고, 세 번째 설교집에는《옛 시냇가의 돌들》이라는 낭만적인 제목을 붙이기도 했다.

한번은 가까운 친구였던 존 켐벨 박사가 그를 찾아와서 친절한 충고를 들려주었다.

"자네에게 한 가지 충고를 들려주고 싶네. 사람들 중에는 여러 재능을 타고난 경우가 없지 않지만 한 사람이 두 가지의 일을 동시에 효과적으로 성취해낸다는 것은 불가능한 일일세."

"무슨 말인가?"

"자네는 분명히 말을 잘하는 재능도 타고났고, 글을 잘 쓰는 재능도 타고났네. 하지만 설교와 글쓰기를 동시에 잘해내기란 어려운 일일세. 한 사냥꾼이 두 마리의 토끼를 한꺼번에 잡을 수 없는 논리와 같지."

"그렇다면 내가 어떻게 해야겠는가?"

"말과 글에 동시에 뛰어난 실력을 보여준 이는 헬라 시대에도 없었고, 로마 시대에 들어와서야 딱 한 사람이 있었다는 말을 들어 보았네만, 그런 일은 예외적인 것이지. 내가 보기엔 자네는 설교에만 주력하는 것이 좋을 듯 싶네. 글은 버리고 말에만 전념하라는 뜻이지."

물론 존 켐벨 박사의 충고는 틀린 말이 아니었다. 그는 진심으로 찰스 스펄전을 생각하고 이렇게 충고했다. 하지만 그런 충고가 찰스 스펄전에게만은 예외였다. 그가 목회를 시작하면서 시작된 본격적인 글쓰기는 여전히 그의 설교와 함께 두각을 나타냈기 때문이었다. 그의 설교 못지않게 그의 글들은 그를 더욱 빛나게 했다. 그의 글로 인한 열매들도 많았다.

그는 글 쓰는 일을 두고서 이렇게 말했다.

"글을 쓴다는 것은 고된 작업이 아닐 수 없다. 그러나 한순간 머리에 번뜩 떠오르는 생각을 글로 표현하는 일은 무엇과도 바꿀 수 없는 기쁨이기도 하다."

찰스 스펄전은 설교자로서도 크게 성공했지만 저자로서도 성공한 사람이었다. 그의 설교문은 여러 나라로 널리 보급되었고 매주 전 세계에서 수만 명의 사람들이 그의 설교문이 도착하기를 기다릴 정도였다. 게다가 그의 설교문은 컬포쳐스들의 손에 의하여 영국 전역 구석구석까지 전해졌고, 노예제도 반대에 대한 비난이 사라지고 난 후 미국에서는 영국에서보다 더 많은 부수가 보급되기도 했다.

그의 설교문은 수많은 언어로 번역되었다. 아랍어를 비롯하여 타밀어, 아르메니아어, 시리아어, 스페인어, 불가리아어, 중국어, 러시아어, 몽고어, 폴란드어, 체코어, 노르웨이어, 프랑스어, 마오리어, 힌디어, 카렌어, 이탈리아어, 일본어 등으로 번역되었다. 또 몇 가지의 설교문은 맹인들을 위해 점자책으로 만들어지기도 했다.

독일에서는 여러 출판업자들이 자기네 말로 번역하여 설교집을 발행했고, 러시아정교회*에서는 찰스 스펄전의 설교집이 정식으로 승인받아 배포되기도 했다. 그리고 유럽 각국의 왕과 왕족들에게도 전해졌다. 심지어 스코틀랜드에서는 다음과 같은 말들이 공공연히 떠돌기까지 했다.

"스코틀랜드 사람들은 대영제국의 수상이 누구인지는 몰라도 찰스 스펄전이 누구인지는 잘 알고 있다."

한 퀘이커(개신교의 한 종파) 교도는 찰스 스펄전의 설교문을 여러 신문에 자기 돈을 들여 광고까지 했다. 한 오스트레일리아인은 정기적으로 광고문을 실어 설교문을 대대적으로 알리기도 했다.

이런 일들을 두고서 찰스 스펄전은 다음과 같이 말했다.

"개인적으로 내 설교 광고를 내준 이들이 광고에 들어간 액수를 말할 때 난 도무지 믿을 수가 없었어요. 정말로 엄청난 금액이었기 때문이지요. 생각해보십시오. 그런 일을 하나님께서 시키지 않으셨다면 누가 감히 해낼 수 있겠습니까?"

찰스 스펄전의 설교문이 그처럼 사람들에게서 많은 관심을 불러

★ 러시아정교회 기독교의 동방정교회 가운데 최대의 교파로 10세기 말 키예프 공화국의 블라디미르家가 기독교를 믿으면서 러시아에 퍼졌다. 15세기 비잔틴 교회에서 독립했다.

일으킨 것은 이유가 있었다. 아무리 고상한 진리를 담은 설교라 할지라도 표현이 어려워 소수의 사람들에게만 이해가 된다면 그것은 결국 대중성을 잃게 된다. 그러나 찰스 스펄전의 설교는 쉽고 간결하며 명료해 어느 누가 들어도 그가 전하려는 메시지를 잘 이해할 수 있었다.

이렇게 누구나 쉽게 이해할 수 있는 장점은 지식인들에게는 터무니없이 하찮은, 식상한 메시지가 되기 쉬운 단점을 지니기도 하는데 그의 설교는 지식층 인사들에게도 환영을 받았다. 그것은 그의 교회 사람들이 주로 지식층이라는 데서도 잘 알 수 있다.

~

찰스 스펄전이 평생 목회를 했던 메트로폴리탄 교회는 영국의 침례교파에 소속되어 있었다. 그러나 일반적인 침례교회와는 달리 메트로폴리탄 교회의 한 가지 특징이 있다면 믿고 나서 성령으로 거듭난자에게만 침례를 베푼다는 것이었다.

"메트로폴리탄 교회는 원만한 복음주의적 교회이다."

사람들에게서 그런 평판을 듣게 된 까닭이 거기에 있었다.

반면에 메트로폴리탄 교회가 침례교파에 속해 있다는 이유 하나만으로 영국의 침례교회들은 그 덕을 톡톡히 보았다. 영국 안에 있던 침례교회는 어디서나 성도들이 증가하는 추세를 보였기 때문이다. 이는 찰스 스펄전으로 인한 결과였다.

찰스 스펄전의 영향이 비단 침례교회라는 한 교파에게만 미친 것은 결코 아니었다. 왜냐하면 그의 전도집회 활동을 통하여 여러 교파의 교회들이 복음주의 운동에 함께 나섰기 때문이었다. 그런 활동은 영국 안에 있는 전체 교회들을 향하여 큰 활력을 불어넣은 셈이었다.

그런데 이런 왕성한 활동기에 강력한 적들이 출현했다. 다윈이 주창한 '무신론에 근거한 진화론의 팽창'과 인본적 사고에서 비롯된 소위 '성경에 대한 고등비평'이라는 신학적 입장의 만연이 그것이었다. 진화론이 교회 외부에서 발생한 적敵이었다면 고등비평은 교회 내부에서 발생한 적이었다.

진화론이 세상에 알려지기 시작한 것은 1859년에 다윈이 쓴《종의 기원》이라는 책이 출간되면서부터였다. 이 책은 생명체는 하나님의 창조가 아니라 무작위의 진화 과정에서 생겨났다고 주장하여 사람들 사이에서는 실로 커다란 화젯거리가 되었다. 그런 주장은 성경의 가르침과는 정면으로 대립된 것이었을 뿐만 아니라 살아계신 하나님까지도 완전히 배제시키는 일이었기 때문이었다.

진화론은 교회 밖에서 일어난 적이었기 때문에 감수성 많은 젊은 이들만 현혹시켰을 뿐 오랫동안 신앙생활을 해온 사람들의 마음까지는 빼앗지 못했다. 하지만 성경에 대한 고등비평은 사정이 달랐다. 그것은 교회 안에서 일어난 일이었기 때문에 기독교 교리의 기초까지 흔들어놓고 말았다.

"성경의 각 책들은 기록된 원천부터 재검토되어야 한다."

"성경에 기록된 무수한 기적들은 합리적으로 다시 해석되어야 한다."

"성경은 이성적 시각으로 읽어야지, 무조건 믿으면 안 된다."

고등비평이라는 신학적 입장의 슬로건이란 바로 그런 것들이었다. 한마디로 그 이론은 영감에 의해 기록된 성경을 사람들이 만들어낸 보통 책의 수준으로 끌어내리고 만 것이었다. 사람들은 이런 주장을 가리켜 '신新신학' 혹은 '신新사상'이라고도 부르기도 했다.

"고등비평이야말로 현대적이고 바른 신앙의 노선이다."

"아니다. 그런 탈선 신학이야말로 적그리스도가 아닐 수 없다."

이런 격론은 영국교회 전체를 소용돌이 속에 몰아넣었다. 1880년 대에 들어서는 이 소용돌이가 최고조에 이르렀다.

이런 상황에서 찰스 스펄전이 복음주의적인 입장을 처음부터 끝까지 고수한 것은 당연한 일이었다.

"성도 여러분, 주께서도 때가 차면 적그리스도가 여기저기서 출현한다고 경고하셨는데 오늘 우리의 시대가 그러합니다. 진화론 하나만 불신앙에 근거한 것이 아니라 소위 고등비평이라는 것도 엄격히 따져보면 불신앙에 근거하고 있기 때문입니다. 성경은 성령의 감동 안에서 기록된 것인데 그것을 사람의 이성으로만 판단하고 이해해야 한다니 그것은 성령을 대적하는 죄이고 불신앙에 근거한 것입니다.

여호수아가 자기 백성을 향하여 누구를 섬길 것인지 택하라고 외쳤듯이 오늘 우리도 마땅히 섬길 자를 택해야 하겠습니다. 여러분은 어느 편에 서겠습니까, 하나님을 택하겠습니까, 아니면 적그리스도를 택하겠습니까? 원컨대 우리 안에는 단 한 사람도 적그리스도의 편에 서는 자가 없기를 빕니다."

이런 강력한 설교로 그의 교회 사람들은 혼선을 빚지 않고 찰스 스펄전의 뒤를 따랐다. 그러나 영국 안에 있던 많은 목회자들의 형편은

그렇지 않았다. 단적인 예로 침례교단 안에서도 여러 목사가 고등비평 쪽으로 넘어가고 말았다는 편지들이 찰스 스펄전에게 전해졌다. 침례교단 총회 총무인 부스 박사는 자기 교단 안에서 더 이상 복음주의 노선에 머물지 않게 된 목사들의 명단을 작성하기도 했다.

이런 명단까지 본 찰스 스펄전은 부스 박사에게 간곡한 한 통의 편지를 써 보냈다.

> 지금 교회는 사단의 궤계에 의하여 엄청난 시련을 당하고 있습니다. 마치 전체 교회가 무서운 불길에 휩싸이고 있는 것 같은 생각이 들기도 합니다. 이런 때에 최선의 방책은 하나밖에 없습니다. 속히 총회를 소집하여 교단의 신학적 입장을 분명히 밝히는 일이 바로 그것이지요. 그래야만 단 한 사람이라도 그런 불행을 막을 수가 있고 그동안 허물어진 담도 수축할 수 있기 때문입니다.

찰스 스펄전의 이런 제안에 의해 침례교단에서는 총회가 소집되었다. 다른 안건도 있긴 했지만 가장 중요한 안건은 역시 신학적 입장을 재천명하여 고등비평의 확산을 막자는 데 있었다.

그는 총회가 열렸을 때에 자기의 입장을 강력하게 관철시키려고 온갖 노력을 다했다.

"지금까지 영국교회 안에 혼란을 크게 일으켜 온 소위 고등비평이라는 성경관은 사단의 술책이 분명합니다. 그러므로 우리 교단은 이런 기회에 크게 각성하고서 신학적 입장을 분명히 하여 더 이상 누구도 거기에 빠져들지 않도록 대책을 마련해야만 합니다."

물론 그의 이런 주장에 머리를 끄덕이는 이들도 상당수 있었으나 불행하게도 반론을 펴고 나서는 이들이 더 많았다.

　"이제까지 우리 침례교회는 모든 사람들이 자기 입장으로 신앙을 고백할 수 있는 자유를 존중해왔습니다. 잘못된 신앙을 막는 것도 중요하지만 신앙생활에 있어 기본적인 자유가 억압된다면 더 큰 불행을 자초하고 맙니다. 그러므로 어떤 억제책도 있어선 안 됩니다."

　신앙생활은 자유에 그 생명이 있는 것이기 때문에 이러한 반대 논리도 결코 틀린 것은 아니었다. 그러나 스펄전의 안목으로 볼 때는 자유가 빌미가 되어 잘못된 신앙을 가진다는 것은 위험한 일이었다. 어쨌든 다수의 의사에 따라 스펄전의 주장은 부결否決되고 말았다. 그는 이런 결과에 대해 《검과 삽》에 다음과 같은 요지의 글을 써서 발표했다. 이것은 복음주의적 입장을 끝내 포기하지 않으려는 그의 최선의 노력이었다.

　　어떤 경우에도 악이 선으로 바뀔 수는 없습니다. 마찬가지로 지금까지 새로운 논란을 일으켜온 빗나간 성경관도 결단코 본래의 기독교 진리와 바뀔 수 없는 것입니다. 주님의 대속이 비웃음거리가 되고, 죄에 대한 심판이 허구가 되고, 그리스도의 부활이 신화로 전락된다면 도대체 구원의 진리가 어디에 설 수 있겠습니까.

천국의 아침을 맞아

총회에서 자신의 주장이
관철되지 않자 찰스 스펄전은 한동안 고심했다. 자기의 위치를 어떻게
정립시켜야 할지 몰랐기 때문이다. 그러다 마침내 그는 영국 침례교단
에서 탈퇴할 것을 결정했다. 단지 자기의 의사가 부결되어서가 아니라
신성한 교회를 사단의 놀이터로 만들 수 없다는 이유였다. 그는 즉시
편지를 써서 이를 부스 박사에게 알렸다.

사랑하는 친구여, 나는 총회 총무인 당신에게 교단을 탈퇴한다는 사
실을 통고하는 바입니다. 나의 이런 결심은 개인의 사사로운 감정이
아닌 오직 진리를 사수해야 한다는 한 가지 생각에서 비롯된 것임을
알립니다. 우리의 죄를 위해 십자가에 못 박혀 돌아가신 예수 그리스
도의 그 숭고한 뜻을 끝까지 지켜나가는 것이 나의 마땅히 할 본분임

을 오늘도 생각하며 결단을 알려드리는 바입니다.

찰스 스펄전이 교단을 탈퇴한 것은 어떻게 보면 새로운 결단이며 진취적인 발걸음이기도 했다. 하지만 그는 자신은 그런 결정을 하였어도 결코 누구에게 자기처럼 교단을 탈퇴하라고 요구하지도 않았고, 많은 이들이 권고한 새로운 조직을 만들지도 않았다. 오직 자신이 처한 위치에서 복음전파 사역에만 전심을 다했다. 1887년 10월, 그의 나이 53세 때의 일이었다.

찰스 스펄전의 침례교단 탈퇴 소식이 전해지자 침례교단 사람들은 일제히 비난하고 나섰다. 누구보다도 이런 일에 앞장 선 사람은 일찍이 고등비평을 받아들인 존 클리포드 박사였다. 심지어 그는 교단이 혼란해진 책임을 찰스 스펄전에게 덮어씌우기까지 했다.

하지만 고등비평의 팽창이 가져다주는 폐단은 오래지 않아 각처에서 속속 드러났다. 교회 예배 참석자들이 크게 줄어들고 기도회와 같은 집회가 거의 없어졌으며, 거듭남의 체험자들이 점점 사라졌다. 마침내 교회가 창고로 바뀌거나 허물어졌다. 어떤 지방의 교회들에서는 비기독교인과 불가지론자不可知論者가 목사직을 수행하고 있었다. 이는 기독교의 본질적인 교리가 땅에 떨어졌음을 보여주는 일이었다.

무엇보다도 찰스 스펄전의 가슴을 아프게 만들었던 것은 패스터즈 칼리지 출신 목사들이 자유론자들의 사상에 휩쓸려 찰스 스펄전을 향해 정면 대결을 하고 나선 일이었다. 그래서 그는 기존의 협의회 기구를 해체하고, 다시 기구를 조직하지 않을 수 없었다.

고등비평의 논란에 대하여 찰스 스펄전은 자기의 입장을 분명히 취한 다음 교단 탈퇴라는 극단적인 결단까지 내리면서 자기의 의지를 확고히 했지만 이런 과정을 겪으면서 그가 받았던 마음의 상처와 아픔은 이루 말할 수 없었다. 그것은 자기 자신을 자기가 수술하는 것과 다름없는 일이었다.

당시 교회를 개척하여 전담하고 있던 동생 아처 스펄전에게 보낸 편지 한 구절만 보아도 그의 이런 심경을 알 수 있다.

> 나는 지금 극도의 착잡함과 불안으로 몸도 마음도 약해져 교회에서 설교를 감당하기조차 어려운 형편이다. 그러니 네가 와서 몇 주간 동안 저녁예배 설교를 맡아주었으면 좋겠다. 나에겐 힘과 위로와 격려가 필요하다. 너의 설교를 듣고서라도 희망을 가질 수 있었으면 하는 간절한 바람이 있단다. 좋은 소식을 기다리겠다.

찰스 스펄전이 교단을 탈퇴한 일은 상당히 오랫동안 논란거리가 되었다. 영국의 한 기독교 기관은 그의 행동을 두고서 이렇게 비난했다.

> 같은 침례교단 안에서도 모두가 다 고등비평에 기울어졌던 것은 결코 아니었다. 그런데도 불구하고 혼자서 교단에서 탈퇴했다는 것은 쥐 한 마리를 잡기 위하여 큰 집을 한꺼번에 다 태워버리는 불장난이 아니고 무엇이겠는가.

심지어 미국에서 발행되는 한 신문도 다음과 같은 사설을 실었다.

그가 지껄이는 친절이니 형제 사랑이니 하는 말들은 실상 날카로운 발톱을 숨기고 있는 부드러운 벨벳 자락에 지나지 않는다. 게다가 영국 교계에서 커다란 지도자로 손꼽히고 있는 사람이기에 우리는 그의 행동을 결코 가볍게 평가할 수가 없는 것이다.

반대로 그의 결행決行을 두고 찬사를 보내는 이들도 대단히 많았다.

"당신의 태도는 많은 복음주의자들에게 커다란 용기를 주었다."

"좀 더 호전적인 자세를 보여야 했는데 아쉽기 그지없다."

"당신은 침례교단 안에서 바른 신앙을 버린 이탈자들의 명단까지 공개했어야 했다."

캐나다의 침례교회 지도자들도 찰스 스펄전에게 아낌없는 박수를 보냈다. 그는 지지자들에게 다음과 같은 답장을 썼다.

그리스도 안에서 사랑하는 형제들이여, 여러 가지로 힘든 상황에서 이런 편지로 나를 위로해주니 얼마나 기쁘고 감사했는지 모릅니다. 여러분의 격려를 통하여 영국 침례교단에 대한 나의 태도가 옳았다는 것을 거듭 확인할 수가 있었기 때문입니다. 사실 나는 교단을 아끼고 사랑했지만 그들과 결별하지 않을 수 없었습니다. 오랫동안 나의 주장을 알렸지만 해결의 실마리가 풀리지 않아 별 수 없이 공개적인 행동을 취할 수밖에 없었습니다.

나는 잘못된 성경관에 의하여 교회의 증거가 분명치 못하게 된 것을 똑똑히 보았습니다. 그리고 하나님의 말씀과는 동떨어진 사이비 설교가 강단에서 공공연히 행해지는 모습도 수없이 목격했습니다. 이런 일은 분명히 교회가 스스로 파탄을 불러일으키는 행위입니다. 그래서 나는 개별적인 용단을 내릴 수밖에 없었습니다.

그런데도 불구하고 반대자들은 나를 교회를 혼란시키는 자로 몰아붙였고 진리를 매도하는 자라는 잔인한 비난까지 해댔습니다. 원컨대 나의 용단으로 인하여 구원의 진리가 굳게 지켜지고 다시는 이런 불행한 논란이 일어나지 않기를 바라고 있습니다. 사실 내게는 어떤 사람도 적이 될 수 없습니다. 그러나 하나님의 말씀을 거스리는 자가 나타나면 그가 설사 절친한 친구더라도 나는 그를 적으로 간주하고서 끝까지 싸울 것입니다.

몸과 마음이 극도로 쇠약해진 그에게 하나님은 여전히 큰 기쁨으로 위로해주셨다. 런던 지역은 물론 그 밖의 다른 많은 지역의 교회들이 그를 초청하여 설교를 부탁했다. 이때마다 그는 구원의 복음이 어떤 것인가를 확실하게 증거하곤 했다.

찰스 스펄전의 설교 사역은 그의 확고한 신앙의 의지를 전하는 데 좋은 도구였으나 결코 그의 건강에는 도움이 되지 않았다. 1888년 7월 그는 다시 자리에 누웠다. 다행히도 두어 주 동안 앓다가 다시 일어나 일할 수 있었다. 그러나 같은 해 11월에는 몸이 매우 쇠약해져 기약없이 앓아눕고 말았다. 12월이 되자 그는 주기적으로 내려가서 요양하던

프랑스 망통으로 향했다.

그런데 망통에 내려간 찰스 스펄전은 요양은커녕 도리어 큰 부상을 입었다. 미끄러운 대리석 계단을 오르다가 지팡이가 빗나가면서 그만 넘어져 치아가 두 개나 빠지는 큰 상처를 입은 것이다. 하지만 그는 여유를 잃지 않았다.

"돈도 들이지 않고서 이를 두 개나 뽑다니 이 얼마나 다행스런 일입니까."

쇠약해진 몸이 낙상落傷까지 당하여 자연히 그 회복은 오랜 시간이 걸렸다.

그는 이듬해인 1889년 2월이 되어서야 메트로폴리탄 교회로 돌아왔다. 찰스 스펄전이 교회에 도착하자 성도들은 언제나 그랬듯이 환호를 보냈다.

"스펄전 목사님 반갑습니다."

"이제부터라도 설교 요청은 어떤 경우라도 다 거절하십시오."

"교회 안의 일도 크게 줄여야만 합니다."

모두 염려와 걱정으로 권하는 말들이었다. 그는 어느 정도 회복하긴 했지만 완전히 건강한 상태는 아니었다. 그렇다고 몸을 아끼면서 한가롭게 시간을 보낼 수는 없었다.

이 무렵 그가 했던 가장 보람 있는 일 중에 하나는 중국 선교에 온 힘을 쏟고 있던 허드슨 테일러를 돕는 일이었다. 두 사람은 오랫동안 친분을 나누어온 사이였다. 그래서 스펄전은 영국에 허드슨 테일러가 세워 운영하고 있던 '중국선교회'의 일에 최선을 다하여 도움을 주었다.

또 허드슨 테일러와 함께 일하려고 중국으로 떠나는 젊은 남녀들을 위해서 메트로폴리탄 교회에서 따로 파송예배를 드리기도 했다. 그는 이 예배를 마치고 강단에서 내려와 젊은이들과 일일이 악수를 나누면서 격려의 말을 전했다.

"자기를 버리는 자만이 주님을 얻게 됩니다. 아무쪼록 그대들의 일을 통해서 많은 중국인들이 구원받게 되기를 빌겠습니다."

1889년 11월 무렵에 찰스 스펄전의 건강은 급속도로 나빠졌다. 설교 도중에도 기운이 쇠하여 두 눈을 감은 채로 그대로 서 있기만 하는 때도 있을 정도였다.

"스펄전 목사님. 이제 교회일은 신경 쓰지 마시고 휴식을 취하셔야겠습니다."

"이렇게 무리하다가는 큰일납니다."

교회의 장로와 집사들은 그렇게 권면했다.

때마침 영국은 겨울이어서 찰스 스펄전은 이를 피하여 다시 망통으로 내려가기로 결정했다. 그가 자리를 비운 사이에 메트로폴리탄 교회의 정규 설교는 미국인인 피어슨 박사에게 맡겨졌다.

영국을 떠날 때만 해도 만사를 제쳐놓고 전적으로 건강 회복에만 힘쓰겠다는 다짐을 했지만 어느 정도 몸에 기력이 살아나자 그는 다시 영국으로 향했다. 망통으로 내려온 지 두 달 만이었다. 하지만 완전히 회복되지 않은 상태에서 계속되는 활동으로 그의 건강은 점점 더 악화되어 갔다. 그는 결코 일을 손에서 놓으려 하지 않았고 오히려 남은 생명을 다해 영혼 구원의 사역을 감당하겠다는 의지가 불타올랐다.

찰스 스펄전은 어느 날 한 소년에게 다음과 같은 편지를 써서 부치기도 했다.

나는 며칠 전에 너의 아버지로부터 가슴 뭉클한 말을 들었다. 아들인 너의 영혼을 위해서 끊임없이 기도를 드리고 있다는 것이었다. 너는 한 번이라도 그렇게 너를 위해 간절히 기도하는 아버지의 심정을 생각해본 적이 있느냐? 자식을 위해 애써 기도하며 신앙으로 양육하는 부모를 둔 것만큼 복된 사람도 없단다. 그런데도 너는 너 자신을 위하여 전혀 기도하지 않고 있다니 이 얼마나 슬픈 일이냐? 이 때문에 사랑하는 너의 아버지가 얼마나 괴로워하고 계시는지 아느냐?

너는 꼭 알아두기 바란다. 네가 만약 구원을 받지 못한다면 부모님에게 그보다 더 큰 불효가 없다는 사실을 말이다. 네가 앞으로 아무리 훌륭한 사람이 된다 해도 영원한 구원을 얻지 못한다면 그것이 부모에게 얼마나 커다란 슬픔이 되겠느냐? 예수님이 아니면 아무도 너의 죄를 씻고 구원해줄 수 없단다. 그러니 절대로 예수님을 외면하지 말기 바란다. 영원한 구원의 기쁨이 너의 가슴에 안겨지기를 빌고 또 빈다.

그가 이런 작은 일이라고 생각할 수 있는 일에도 소홀하지 않았던 것은 한 영혼의 구원을 가장 큰 일로 생각했기 때문이었다.

≈

마음과 열정은 끝없이 달리고 달렸지만 부서진 마차가 더 달릴 수 없듯이 찰스 스펄전에게도 더 이상 일할 수 없는 날이 이르렀다.

1891년 6월, 어느 주일이었다. 그는 간신히 설교를 마치고 나서 메트로폴리탄 교회 성도들을 향하여 선언했다.

"사랑하는 형제 여러분, 아쉽지만 이번이 나의 마지막 설교가 될 것 같습니다. 하지만 하나님은 누구의 입을 통해서라도 구원의 말씀을 계속 선포하실 것입니다. 하나님만이 우리의 유일한 소망임을 잊지 마시기 바랍니다. 사랑하는 형제들이여, 안녕."

이후 성도들은 더 이상 그의 설교를 들을 수가 없게 되었다. 그날로 찰스 스펄전은 완전히 자리에 눕고 말았기 때문이다. 그의 병세는 점점 심각한 상태가 되어 당시의 의술을 다 동원했지만 효과가 없었다.

성도들은 합심으로 기도하며 그의 회복을 간절히 원했지만 병세는 호전되지 않았다. 찰스 스펄전이 이런 상태에 이르자, 교파를 떠나서 많은 교회 목사들도 기도의 힘을 합했고 심지어는 유대교의 유명한 랍비들과 웨스트민스터 사원과 성 바오로 성당의 사제들까지도 기도에 협력했다. 이런 일은 그가 다른 여러 종교 지도자들에게서도 큰 신뢰를 얻어왔다는 증거였다.

같은 해 10월에 이르러 찰스 스펄전은 또 다시 프랑스의 망통으로 향했다. 그의 병세가 다소 차도를 보이기도 했지만 금세 또 악화되곤 했기 때문이었다. 이번에는 부인 수잔나 톰슨과 동생 아처 스펄전도 동행했다. 망통의 따뜻한 기후로 찰스 스펄전은 약간의 회복 증세를 보여 가족예배를 인도하면서 간단한 설교를 하기도 했다. 하지만 그는 이미 자신의 길을 예견하고 있는 듯했다. 그의 40년 동안의 찬란했던 전도와 목회 사역의 막이 서서히 내려지고 있었다.

그는 당시 다음과 같은 내용의 찬송을 즐겨 불렀다.

천국의 새벽은

내가 그리워하던 아침,

휘황찬 그 시간에

나는 깨어나리라

찰스 스펄전은 1892년 1월 31일에 그 아침을 맞았다. 그는 이 땅에서
조용히 숨을 거두고 그 영혼은 영원한 생명의 나라로 향했다.

찰스 스펄전의 명설교 한 편

　　찰스 스펄전의 탁월한 설교는 가는 곳마다 사람들의 마음을 뒤흔들었다. 어떤 사람은 그의 설교를 두고 '자기 파멸을 여전히 묵인하고 있는 우리 세대를 향한 불호령'이었다고 말했다. 또 어떤 사람은 '하나님의 뜻에 합당한 삶을 살려고 노력하는 모든 현대의 성도들에게 내민 도전장'과 같았다고 말하기도 했다.

　　그의 설교는 지금까지 전해진 것만 해도 무려 3,600편 이상이 된다. 물론 이것은 그가 평생 동안 한 것에 비하면 극히 일부분에 지나지 않는다. 수많은 설교 중 여기서는 사무엘상 25장 32,33절을 본문으로 한 '죄로부터 우리를 보호하시는 하나님'이라는 설교를 소개한다.

　　다윗이 아비가일에게 이르되 오늘 너를 보내어 나를 영접하게 하신 이스라엘의 하나님 여호와를 찬송할지로다. 또 네 지혜를 칭찬할지며 또 네게 복이 있을지로다. 오늘 내가 피를 흘릴 것과 친히 복수하는 것을 네가 막았느니라(삼상 25:32,33)

하나님의 은혜는 죄에 대한 해독제

하나님께서 우리로 하여금 죄를 짓지 않게 만드시는 방법에 대해서 말씀드리고자 합니다. 그분은 원대한 계획으로 우리의 영혼에 은총을 베풀어주심으로써 죄를 짓지 않게 해주십니다. 성령의 거하심을 막을 수 없듯이 죄에 대해서도 막을 수가 없습니다.

사악한 영이 우리의 심장에 파고들어 우리를 삼켰을 때에 선한 영이 우리 안에 머물지 않으신다면 처음보다 더욱 사악한 일곱 영이 우리를 차지하려고 되돌아올 것입니다. 영혼 속에 타오르는 은혜의 불길이 없다면 죄의 불길을 물리칠 수가 없습니다. 불은 불로써 물리쳐야 합니다.

우리 영혼이 하나님의 모든 충만하심으로 가득 차게 만듭시다. 그렇게 해야만 이 세상의 권세자가 오더라도 우리를 삼키지 못합니다. 하나님의 은혜는 죄에 대한 강력한 해독제인 것입니다.

하나님께서는 어떤 사람들이 회개하기 이전이라도 다른 사람들이 빠져 있는 더러운 죄악에서 그들을 지켜주시기 위해 몇 가지의 방법을 사용하십니다.

그 첫째가 어릴 때부터의 교육입니다. 다른 사람들이 두고두고 후회할 죄들을 다행히도 전혀 알지 못하는 사람들이 있습니다. 이들은 온실 속에서 보호받은 나무 같아서 이 냉혹하고 더러운 악의 세상으로부터 시험을 받지 않습니다. 만약 이것이 당신에게 해당되는 사실이라면 이에 대해 당신은 정말 감사해야 합니다.

그러나 이런 일을 두고서 거듭난 것이라고 생각하면 절대로 안 됩니다. 당신이 아무리 사랑스럽고 탁월하며, 열성적이고 존경을 받을 만한 사람일지라도 지극히 타락하고 더러운 죄인들과 마찬가지로 반드시 거듭나지 않으면 안 됩니다.

거듭남은 모든 영혼이 하늘나라에 들어가기 이전에 절대적으로 체험해야 하는 중대한 일입니다. 이런 체험이 없다면 당신은 어떤 일에서도 만족하고 있어선 안 됩니다.

그러나 당신이 마치 디모데처럼 어려서부터 성경을 배우고 알았다면, 또 사무엘처럼 아주 어린 시절부터 하나님의 집에서 자라났다면 이런 일에 대하여 당신은 진정 감사하십시오. 그것은 당신이 다른 사람들이 빠져든 죄에서 보호함을 받았기 때문입니다.

죄를 이기는 그리스도인의 교제

또 우리를 죄로부터 지키는 방법에는 '그리스도인들의 교제'가 큰 역할을 합니다. 가령 여기 한 젊은이가 있다고 합시다. 그는 한적한 시골 마을을 떠나 대도시에 막 올라온 청년입니다. 시골에서는 작은 교회의 예배에 규칙적으로 참석했습니다. 그런데 이제는 과거에 절제했던 모든 것들에 대한 속박을 훌훌 털어버리고 큰 숲 같은 대도시의 울창한 나무들 속에 몸을 숨기고 지금까지 보호받아 온 죄 속에 빠져들고 싶은 강렬한 유혹에 사로잡힙니다.

하지만 사랑하는 친구여, 진정 당신이 영원한 파멸을 원한다면 이런 치명적인 길을 선택하십시오. 그러나 나는 이런 선택을 하고 싶은 마음조차 생기지 않도록 여러분에게 간곡히 권하고 싶습니다. 당신을 기다리는 사단의 심복들에게 사로잡히기 전에 어서 그리스도인 청년들과 교제를 나눌 수 있도록 노력해야 합니다.

어서 빨리 성경공부에 참석하고, 젊은 그리스도인들의 활동에 참여하여 좋은 신앙의 친구들을 발견하도록 하십시오. 그 친구들이 실제로 당신을 그리스도께로 데려가지는 못할지라도 적어도 하나님을 믿는 길에서 떨어져나가지 못하도록 당신을 지켜줄 수 있습니다. 홀로 선 당신이 스스로에 대한 책임감을 강하게 느끼고 성령의 도우심으로 사단에게가 아니라 주 예수 그리스도께로 항상 돌아갈 수 있도록 하나님께서 인도해주시길 기도합니다.

지금 이 순간, 이 큰 도시에 방금 들어온 사람인 당신이 주님께 자신을 굴복시킨다면 진정 영원한 축복이 당신에게 임할 것입니다. 주께서는 진정 그렇게 되도록 도우실 것입니다. 그리하여 그분은 끝없는 찬송을 받으실 것입니다.

어쨌든 신실한 그리스도인들과의 교제는 당신이 세상의 죄로 빠져들지 않도록 만드는 데에 큰 도움이 될 것입니다. 마음에 은혜를 크게 입은 형제들이여, 따뜻한 마음을 지닌 그리스도인들과의 교제가 당신을 죄악으로부터 지켜주는 가장 좋은 방법 중 하나입니다.

우리 교회에 나오던 몇 사람이 다른 곳으로 이사를 갔습니다. 거기서 그들은 예배에 참석했는데 집회에 참석한 사람들은 모두가 냉담하고 무감각했으며, 목사도 그 영혼이 반쯤 죽은 듯이 보였다고 했습니다. 나는 그들의 영적생활에 매우 심각한 균열이 생겼음을 발견했습니다. 후에 내가 그들을 만나 힘겹게 그들의 영적생활에 대한 이야기를 나누었을 때에, 그들은 교회가 얼음벽과 다름이 없었다고 고백했고 예전에 느꼈던 뜨거운 감동이 전혀 없다고 했습니다.

오, 사랑하는 그리스도인들이여, 당신이 접할 수 있는 좋은 성도들과의 교제를 어떤 것보다 귀중하게 여겨야 합니다. 만약 여러분 중에 성도들과의 교제를 포기하면 많은 돈을 벌 수 있는 기회를 얻게 된다고 합시다. 설사 그런 기회가 주어진다고 하더라도 당신은 절대로 그래선 안 됩니다. 좋은 성도들과의 교제를 잃어버리는 것은 우리에게 엄청난 손실이 되기 때문입니다. 세상적인 부귀를 아무리 크게 얻게 된다고 해도 그것은 절대로 복음적인 모임에서 다정한 친구들을 떠날 때의 손실을 보상해주지 못합니다.

천국으로 가는 길에서 우리를 도와주시고 죄의 늪에 빠지지 않도록 제지시키기 위해 우리 주변의 신앙인들을 도구로 사용하시는 하나님께 언제나 감사를 드립시다.

고난과 질병의 이유

또 하나님께서는 우리를 죄악으로부터 지켜주시기 위해 종종 우리의 세상적 위치와 신변적 형편을 이용하시기도 합니다.

어떤 사람은 가난의 형편을 벗어나고자 하여 애를 써보지만 그대로 여전히 가난에 머물러 있습니다. 물론 한두 번 성공하는 듯 보일 수도 있습니다. 그렇지만 여전히 배불리 먹지 못하고 쓰러져가는 오막살이로 돌아오지 않으면 안 됩니다.

하지만 사랑하는 친구여, 그런 일조차 하나님의 어떤 뜻과 배려가 있습니다. 그래서 하나님은 당신이 부자가 되는 것을 용인치 않고 계시는 것입니다. 지금 당신이 가진 것 이상으로 하나님께서 허용하셨다면 당신은 곧 오만에 빠져 허우적대다가 방탕의 벼랑에서 굴러 떨어질지 모릅니다. 타락한 부자로 사는 것보다 가난한 가운데 하나님 가까이 사는 일이 훨씬 더 낫습니다.

하나님을 믿는 사람들이 사업을 하다가 겪는 곤경은 대부분 죄에 대한 예방책이 된다고 나는 믿고 있습니다. 그들이 사업에 착수하여 고심하다가 마음에 은혜가 전혀 없는 세상 사람들과 어울려 희희낙락하는 것을 보실 때에 하나님은 '나의 사람이 몹시 위험한 길에 들어섰구나. 그를 잃기 전에 어서 제지시켜야지' 하면서 당장 그렇게 행하십니다. 바로 이런 때에 그들은 실패를 만나게 됩니다. 그리고 이렇게 하여 위험에 빠진 그들의 영혼이 구출을 받게 됩니다.

어떤 이들은 신체적 불구로 인해 죄로부터 보호하심을 받고 있습니다. 한쪽 다리를 절고 있는 한 형제가 이렇게 말했습니다.

"만약 내가 절름발이가 아니었다면 나는 틀림없이 하나님의 계명을 지키는 길로 달음질하지 못했을 것이다."

또 어떤 이는 "내가 만약 소경이 되지 않았더라면 예수 그리스도를 전혀 보지 못했을 것이다"라고 말했습니다. 이들은 신체적 불구로 말미암아 세상의 향락을 누리지 못한 대신 더 높은 즐거움이 무엇인가를 깨닫게 되었고 영원한 영혼의 건강을 추구할 수 있게 된 것입니다.

하나님의 나라에 들어갈 수 있는 절름발이와 소경은 복 있는 사람들입니다. 두 눈을 가지고 지옥에 던져지게 된 사람보다도 눈 하나를 잃은 채 천국에 들어가는 자가 복된 사람입니다.

게다가 중병 때문에 죄로부터 보호하심을 받게 된 사람도 많습니다. 중병 역시 우연히 닥친 불행이 아니라 하나님의 계획에 의해서 들게 된 것이라고 나는 믿고 있습니다.

사람들은 흔히 이렇게 말합니다.

"나는 도대체 어디서 이런 병을 얻었는지 모르겠어요."

"어째서 내가 이런 병을 앓게 되었는지 도무지 모르겠어요."

그러나 당신이 만약 건강한 사람이었다면 그 시간에 병상에 누워 있을 때보다도 더 위험한 처지에 빠지게 되었을지 누가 알겠습니까.

나 역시 이런 일에 관한 확실한 증거를 가지고 있습니다. 내가 앓게 된 병들은 제각기 그 이유들이 분명히 있었습니다. 우리는 그 이유를 찾아내지 못할지라도 하나님은 잘 알고 계십니다. 어쨌든 여러 가지 질병은 말할 것 없고 모든 고통과 고뇌, 영혼의 절망, 무거운 시험들도 오직 우리로 하여금 죄를 짓지 않도록 하기 위해 하나님께서 허락해 주시는 일들입니다.

여러 고통들은 우리를 속박합니다. 마치 몸에 무거운 나무틀을 붙인 채 목장에 서 있는 말과 같은 것입니다. 만약 어떤 사람이 주인을 향하여 "저렇게 멋진 말에게 왜 무거운 나무틀을 매어놓았는지 이해할 수 없군요. 너무 불쌍하지 않습니까"라고 묻는다면 주인은 곧 다음과 같이 대답할 것입니다.

"저 말을 잃어버리기보다는 차라리 무거운 나무틀을 매어두는 것이 더 낫지요. 저 놈은 울타리와 도랑을 마구 뛰어넘는 버릇이 있거든요. 저렇게 해놓지 않으면 잃어버리기 십상입니다."

사랑하는 형제들이여, 당신에게도 하나님께서 지워주신 나무틀이 있습니다. 하나님은 당신을 잃어버리기보다 차라리 이 나무틀을 매어두는 것이 더 낫다고 여기고 계십니다. 그분은 당신에게서 영원한 지옥의 고통을 면케 만드시려고 이런 작은 고통을 가지고 당신을 경계시키고 계시는 것입니다.

사람을 통해 일하시는 하나님

하나님을 잘 믿는 사람들은 또 다른 방법으로 하나님께서 죄로부터 보호해주시기도 합니다. 그리고 더러는 아직 하나님의 백성이 되지 못한 사람들까지도 그런 방법을 통하여 죄로부터 보호받는 경우도 있습니다.

퀘이커 교도 하나가 어느 날 밤, 이상한 충동을 받고서 인근 마을로 차를 몰았습니다. 그리고 불빛이 흘러나오고 있는 어떤 이층집 앞에 머물러 섰습니다. 그가 대문을 두드리자 주인이 나왔습니다. 집주인은 이 늦은 시각에 무슨 일이냐고 물었습니다. 퀘이커 교도는 "친구여, 나는 하나님께서 여기까지 보내셔서 왔을 뿐입니다. 그러니 이제는 당신이 내게 무슨 말씀을 해야 할 것 아닙니까?" 하며 반문했습니다.

주인은 곧 느닷없는 방문객을 자기 집 이층 방으로 인도했습니다. 그런 다음 방금 전에 자기가 생을 마감코자 했던 밧줄을 보여주었습니다. 집주인이 자살의 위기를 모면한 것은 말할 나위 없는 일이었습니다. 하나님께서는 그 시각에 맞도록 한 퀘이커 교도를 보내어 한 사람의 자살을 막도록 하신 것입니다. 하나님 섭리의 수레에는 우리를 살피는 눈들로 가득 차 있으며 그 수레는 하나님의 영광을 위해서 쉬지 않고 돌고 있습니다.

또 양심을 울리는 메시지에 의해서 죄로부터 지킴을 받는 이들도 많습니다. 이런 일은 목사의 설교나 전도용 책자, 혹은 친구들의 친절한 충고를 통해서 이루어집니다. 지금 우리 교회에 나오는 이들 중에는 길에서 얻어들은 말 한마디 덕분에 하나님의 은혜를 입게 된 이들이 다수 있습니다.

다음과 같은 특이한 예도 있습니다.

한 사람이 막 극장 안에 들어가려는데 전혀 알지 못하는 어떤 사람이 그의 어깨를 툭 쳤습니다. 어깨를 친 사람 역시 상대편을 전혀 몰랐는데 자기가 알고 있는 사람으로 착각하고서 그처럼 어깨를 친 것이었습니다. 그 사람은 상대편을 향하여 극장 안에 들어가지 말고 성경공부하는 장소에 함께 가서 말씀을 듣자고 권면했습니다. 이것은 분명히 실수였습니다. 하지만 그것은 축복된 실수였습니다. 그날 밤 그는 하나님의 집에 가서 말씀을 들었고 거기에서 참 기쁨이 무엇인가를 깨닫게 되었기 때문입니다.

죄를 짓지 않으려는 노력

우리는 여기서 그리스도인들이 보다 더 진지하게 죄를 범하지 않으려고 스스로 애쓰는 노력이 얼마나 큰 축복인가 하는 점도 생각하지 않으면 안 됩니다. 이런 문제는 구약성경의 계명에서도 분명히 가르쳐주고 있습니다. "너는 네 형제를 마음으로 미워하지 말며 네 이웃을 반드시 견책하라 그러면 네가 그에 대하여 죄를 담당하지 아니하리라"(레 19:17)라는 말씀이 그것입니다.

우리 그리스도인들은 죄에서 벗어나고자 하는 노력을 거의 하지 않는 것 같습니다. 그리고 우리 가운데 다수는 자신의 위신을 지나치게 소중하게 여기고 있습니다. 하지만 하나님의 뜻을 따라 사는 일에 있어선 그런 자기 위신조차도 아예 무시할 수 있어야만 합니다.

사랑하는 형제들이여, 만약 어떤 사람이 당신을 멸시하고 천대했다고 가정해봅시다. 이런 때 이를 악물면서 '그에게 반드시 복수를 하고 말테다'라고 생각하지 말고 스스로 이렇게 타이르십시오.

'저 사람이 내가 마땅히 당해야 할 만큼 내게 행한 것이다. 하나님은 내가 그 사람으로부터 전혀 존경받을 점이 없다는 사실을 잘 알고 계신다. 그래서 이런 일을 통하여 나를 크게 일깨워주고 계시는 것이다.'

우리는 남에게 짓밟힘 당할 때에도 그를 용서하고 그에게 선을 베풀어야만 합니다. 이는 우리가 그리스도인이기 때문입니다.

악을 선으로 갚고 그렇게 하여 원수를 이긴 사람은 진정으로 행복한 자입니다. 형제들이여, 여러분도 기회가 생길 때마다 그렇게 하십시오. 당신은 일어나 범죄하지 마십시오. 필요하다면 당신은 다른 사람의 발을 닦는 수건이 되어도 좋습니다. 자기를 낮추는 자가 높아지리라고 말씀하지 않았습니까.

또 죄를 범하지 않으려거든 결코 남의 죄를 추궁하지 마십시오. 우리가 이 모든 일을 올바르게 다룰 수 있도록 하나님께서 우리에게 사랑과 지혜와 분별력을 넘치게 주시기를 기도합니다.

한눈에 보는 찰스 스펄전의 생애

1834년	찰스 해든 스펄전이 영국 에식스 지역에 있는 켈비던에서 태어나다.
1835년 (2세)	스탬본에 사는 목사인 할아버지 제임스 스펄전에게 맡겨지다.
1840년 (6세)	콜체스터의 부모와 형제들과 같이 살게 되다.
1849년 (15세)	뉴마켓에서 학교를 다니면서 시간강사로 일하다.
1850년 (16세)	콜체스터의 한 교회에서 회심하다. 라크 강에서 침례를 받다. 테버섬의 오두막에서 첫 번째 설교를 하다.
1851년 (17세)	케임브리지 워터비치에서 목사직을 맡다.
1854년 (20세)	런던 뉴 파크 스트리트 교회 목사가 되다.
1855년 (21세)	설교가 처음으로 책으로 출간되다.
1856년 (22세)	수잔나 톰슨과 결혼하다. 서레이 가든 음악당에서 사고가 일어나 7명이 사망하다.
1857년 (23세)	목회자 양성학교인 패스터즈 칼리지를 세우다. 크리스털궁에서 23,654명 앞에서 설교하다.
1861년 (27세)	메트로폴리탄 교회가 문을 열다.
1865년 (31세)	잡지 《검과 삽》을 발간하다.
1866년 (32세)	컬포쳐스 협회 사역을 시작하다.
1867년 (33세)	고아원을 창설하다.
1887년 (53세)	침례교단을 탈퇴하다.
1891년 (57세)	메트로폴리탄 교회에서 마지막으로 설교를 하다.
1892년 (58세)	프랑스 남부 망통에서 하나님 품에 안기다.

C. H. Spurgeon

부지런하여 게으르지 말고 열심을 품고 주를 섬기라

로마서 12장 11절

실천 · 적용 편

"열심으로 하나님께 영광을!"

—

부록 1 하나님이 원하시는 마음밭 만들기

부록 2 말씀과 성품 씨앗 심기

하나님이 원하시는 *마음밭* 만들기

하나님을 믿는 자는 포기하지 않습니다!

어떤 일을 하고자 할 때 우리는 목표를 세우고 그것을 향해 달려갑니다. 하지만 그 가운데 반드시 장애물을 만나게 되지요. 내 의지가 약해질 수도 있고, 상황이 바뀔 수도 있으며, 방해자가 나타나기도 합니다. 그것이 선한 일이고 하나님을 기쁘시게 하는 일이면 더욱 그렇습니다. 그럼 우리는 어떻게 해야 할까요? 열심히 노력하며 뜻을 굽히지 않고 하나님께 기도하며 나아가야 합니다. 뜻을 세우게 하신 분도 하나님이시고, 이루어주실 분도 그분이시기 때문입니다.

"찰스 스펄전에게 많은 고충과 고민거리가 있었지만 거꾸로 그는 그만큼 큰 행복을 경험한 사람이기도 했다. 많은 고통을 겪었기 때문에 도리어 그런 일을 통하여 철저하게 하나님께만 매달릴 수 있었기 때문이다. 그의 강점이 바로 거기에 있었다. 대개의 사람들은 어떤 어려움을 만나면 그로 인해 주저앉고 말지만 그는 어떤 곤경에 부딪쳐도 그것을 비약의 디딤돌로 삼았다."(177쪽)

"네가 자기의 일에 능숙한 사람을 보았느냐 이러한 사람은 왕 앞에 설 것이요 천한 자 앞에 서지 아니하리라"(잠 22:29)

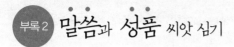

부록2 **말씀**과 **성품** 씨앗 심기

'열심'이란?

열심zeal은 어떤 일에 온 정성을 다하여 힘쓴다는 뜻으로, 예수님을 따르는 우리가 온 마음과 뜻과 힘을 다해 하나님을 사랑하는 태도를 말합니다.

 말씀의 전신갑주를 입고 전진!

생활 속에서 열심을 실천하기 전에 먼저 하나님의 말씀으로 옷 입는 것이 중요합니다. 성경암송을 통해 열심을 마음판에 새기는 시간을 가져보세요(다 외웠으면 직접 적어보세요).

1단계 부지런하여 게으르지 말고 열심을 품고 주를 섬기라 (롬 12:11)

_____

_____

_____

2단계 이스라엘아 들으라 우리 하나님 여호와는 오직 유일한 여호와 이시니 너는 마음을 다하고 뜻을 다하고 힘을 다하여 네 하나님 여호와를 사랑하라 (신 6:4,5)

_____

_____

_____

3단계 그러므로 너희는 크게 힘써 모세의 율법 책에 기록된 것을 다 지켜 행하라 그것을 떠나 우로나 좌로나 치우치지 말라(수 23:6)

4단계 예루살렘이여 내가 너의 성벽 위에 파수꾼을 세우고 그들로 하여금 주야로 계속 잠잠하지 않게 하였느니라 너희 여호와로 기억하시게 하는 자들아 너희는 쉬지 말며 또 여호와께서 예루살렘을 세워 세상에서 찬송을 받게 하시기까지 그로 쉬지 못하시게 하라(사 62:6,7)

생활 속에서 직접 해보는 열심 훈련

 우리 집 친절 도우미 되기

부지런히 스스로 할 일을 찾아보세요. 성경의 잠언에 보면 "게으른 자여 개미에게 가서 그가 하는 것을 보고 지혜를 얻으라"(잠 6:6)라고 했습니다. 개미를 잘 관찰해 보고 생각해보세요.

> 구체적 적용 부모님이 말씀하시기 전에 일주일에 한 번은 내 방 청소를 누구의 도움 없이 말끔하게 해봅니다. 더불어 현관의 신발 정리와 욕실 정리도 해보세요. 형제자매가 어려워하는 일이 있으면 열심히 도와주세요.

 못하는 과목 공부에 집중하기

늘 자신이 없는 과목이 있을 것입니다. 서두르지 말고 매일 조금씩 실력을 쌓아 가세요. 부지런한 자의 마음은 풍족함을 얻는다는 말씀(잠 13:4)대로 이루어질 것입니다.

> 구체적 적용 책 읽기, 영어로 말하기, 달리기, 그림 그리기 등 잘하지 못하는 부분을 선생님이나 친구들에게 솔직히 말하고 도움을 구하세요. 그리고 쉬운 단계부터 차근차근 시작해보세요. 반복하여 연습하기를 포기하지 마세요. 목표를 이루었을 때는 스스로를 칭찬하세요.

규장 신앙위인 북스 3

찰스 스펄전

개정판 1쇄 발행	2009년 12월 9일	
개정판 7쇄 발행	2016년 12월 30일	
초판 1쇄 발행	1995년 8월 31일	
초판 12쇄 발행	2007년 11월 9일	

지은이　　　오병학

펴낸이　　　여진구
편집　　　　1팀 | 이영주　2팀 | 최지설　3팀 | 안수경, 유혜림　4팀 | 김아진
책임디자인　이혜영 | 마영애, 노지현
기획·홍보　김영하　　　　　　　　　　　　해외저작권　기은혜
마케팅　　김상순, 강성민, 허병용　　　　마케팅지원　최영배
제작　　　조영석, 정도봉　　　　　　　　경영지원　김혜경, 김경희

이슬비전도학교　최경식, 전우순　　　　　　303비전성경암송학교　박정숙, 정나영
303비전장학회 & 303비전꿈나무장학회　여운학

펴낸곳　　　규장

주소　06770 서울시 서초구 매헌로 16길 20(양재2동) 규장선교센터
전화　02)578-0003　팩스 02)578-7332
이메일　kyujang0691@gmail.com　홈페이지　www.kyujang.com
트위터　twitter.com/_kyujang　페이스북　facebook.com/kyujangbook
등록일　1978.8.14. 제1-22

규 | 장 | 수 | 칙

1. 기도로 기획하고 기도로 제작한다.
2. 오직 그리스도의 성품을 사모하는 독자가 원하고 필요로 하는 책만을 출판한다.
3. 한 활자 한 문장에 온 정성을 쏟는다.
4. 성실과 정확을 생명으로 삼고 일한다.
5. 긍정적이며 적극적인 신앙과 신행일치에의 안내자의 사명을 다한다.
6. 충고와 조언을 항상 감사로 경청한다.
7. 지상목표는 문서선교에 있다.

하나님을 사랑하는 자 곧 그 뜻대로 부르심을 입은 자들에게는 모든 것이 合力하여 善을 이루느니라(롬 8:28)

규장은 문서를 통해 복음전파와 신앙교육에 주력하는 국제적 출판사들의 협의체인 복음주의출판협회(E.C.P.A:Evangelical Christian Publishers Association)의 출판정신에 동참하는 회원(Associate Member)입니다.